SEGURANÇA E POLÍTICA EXTERNA DO JAPÃO
no pós-Segunda Guerra Mundial

CONSELHO EDITORIAL
Ana Paula Torres Megiani
Eunice Ostrensky
Haroldo Ceravolo Sereza
Joana Monteleone
Maria Luiza Ferreira de Oliveira
Ruy Braga

PAULO DANIEL WATANABE

SEGURANÇA E POLÍTICA EXTERNA DO JAPÃO
no pós-Segunda Guerra Mundial

Copyright © 2015 Paulo Daniel Watanabe

Grafia atualizada segundo o Acordo Ortográfico da Língua Portuguesa de 1990, que entrou em vigor no Brasil em 2009.

Edição: Joana Monteleone/Haroldo Ceravolo Sereza
Editor assistente: João Paulo Putini
Projeto gráfico e diagramação: João Paulo Putini
Assistente acadêmica: Bruna Marques
Capa: Camila Hama
Revisão: Andressa Neves
Assistente de produção: Jean Freitas

Este livro foi publicado com o apoio da Fapesp 2013/22863-0

CIP-BRASIL. CATALOGAÇÃO NA PUBLICAÇÃO
SINDICATO NACIONAL DOS EDITORES DE LIVROS, RJ

W294s

Watanabe, Paulo Daniel
SEGURANÇA E POLÍTICA EXTERNA DO JAPÃO NO PÓS-SEGUNDA GUERRA MUNDIAL
Paulo Daniel Watanabe. - 1. ed.
São Paulo : Alameda, 2015
226 P. ; 21 CM

Inclui bibliografia
ISBN 978-85-7939-317-4

1. Guerra Mundial, 1939-1945 - Operações navais - Submarinos. 2. Guerra Mundial, 1939-1945 - Campanhas - Pacífico, Oceano. 3. Guerra Mundial, 1939-1945 - Prisioneiros e prisões japonesas. 3. Prisioneiros e prisões - Japão. 4. Prisioneiros e prisões - Estados Unidos
I. Título.

15-20512 CDD: 940.5451
          CDU: 94(100)'1939/1945'

ALAMEDA CASA EDITORIAL
Rua Treze de Maio, 353 – Bela Vista
CEP 01327-000 – São Paulo – SP
Tel. (11) 3012-2403
www.alamedaeditorial.com.br

Para Ingrid Jud

"*You will always be inside my heart
Itsumo anata dake no basho ga arukara
I hope that I have a place in your heart too
Now and forever you are still the one*"

SUMÁRIO

PREFÁCIO	11
INTRODUÇÃO	17
CAPÍTULO 1 – O IMPÉRIO	23
Uma grande potência na Ásia	24
O Japão na Primeira Guerra Mundial	36
O Japão na Segunda Guerra Mundial	38
O Fim do Império Nipônico e o nascimento de um novo Estado	41
CAPÍTULO 2 – A OCUPAÇÃO DOS ALIADOS	47
O Imperador Hirohito	54
Uma nova Constituição ao Japão	62
Reformas econômicas	76
O fim da Ocupação	83
CAPÍTULO 3 – A RETOMADA DA SOBERANIA: O INÍCIO DA INDEPENDÊNCIA POLÍTICA?	91
A Criação das Forças de Autodefesa	96
Os Estados Unidos e a Segurança do Japão	104
A recriação da Indústria de Defesa	121

O Programa Nuclear	124
O ingresso do Japão na Organização das Nações Unidas	129
CAPÍTULO 4 – JAPÃO: NOVA POTÊNCIA ECONÔMICA	**137**
Nakasone Yasuhiro na direção da Agência de Defesa do Japão (JDA)	139
A criação do Esboço do Programa de Defesa Nacional em 1976	141
A busca pelo assento permanente no Conselho de Segurança da ONU	144
Relações entre o Japão e a China	150
O Japão sob a liderança de Nakasone: o "Porta-Aviões Inafundável"?	166
A Lógica da Política Externa e da Segurança do Japão: um breve debate teórico	171
CONSIDERAÇÕES FINAIS	**179**
REFERÊNCIAS BIBLIOGRÁFICAS	**187**
ANEXOS	**197**

Lista de abreviaturas e siglas

CEO – Comitê para o Extremo Oriente

EUA – Estados Unidos da América

GHQ – *General Headquarters* (Quartel General)

JDA – *Japan Defense Agency* (Agência de Defesa do Japão)

JICA – *Japan International Cooperation Agency* (Agência de Cooperação Internacional do Japão)

MITI – Ministério do Comércio Internacional e da Indústria (Atual MEITI – Ministério da Economia, Comércio e Indústria)

MOFA – *Ministry of Foreign Affairs* (Ministério dos Assuntos Estrangeiros)

NDPO – *National Defense Program Outline* (Esboço do Programa de Defesa Nacional)

NAC – *National Advisory Council on International Monetary Affairs* (Conselho Nacional de Assuntos Monetários Internacionais – EUA)

ODA – *Official Development Assistance*
(Assistência Oficial para o Desenvolvimento)

OECF – *Overseas Economic Cooperation Fund*

OTCA – *Overseas Technical Cooperation Agency*

PDJ – Partido Democrático do Japão

PLD – Partido Liberal Democrata

PSJ – Partido Socialista do Japão

RC – República da China (Taiwan)

RPC – República Popular da China (China continental)

SCAP – *Supreme Commander for the Allied Powers* (Comandante Supremo dos Poderes Aliados)

SFD – *Self-defense Forces* (Forças de Autodefesa)

SWNCC – *State-War-Navy Coordinating Committee*

URSS – União das Repúblicas Socialistas Soviéticas

PREFÁCIO

INTRINSICAMENTE CONECTADAS, a segurança e a política externa se constituem em temas bastante sensíveis da agenda dos governos. Afinal de contas, os Estados interagem tanto em termos bilaterais quanto multilaterais, seja através das negociações econômicas, intercâmbios culturais, cooperação militar e relações diplomáticas. Nem poderia ser de forma diferente, uma vez que um mundo cada vez mais globalizado exige que os países aumentem os níveis de cooperação em todas as esferas, ao mesmo tempo em que competem entre si, tornando-se, em contrapartida, dependentes do que ocorre em todos os rincões do planeta.

Ainda que o discurso da interdependência e globalização tenham adquirido importância crescente, na agenda não apenas das grandes potências, mas igualmente entre aqueles que, justamente, se sentem prejudicados pelos novos cenários, não resta dúvidas de que a soberania e os tradicionais conceitos das políticas nacionais jamais foram abandonados.

O fim do Estado-Nação, o crepúsculo da soberania, a inutilidade das fronteiras, entre outros temas, foram intensamente discutidos, sobretudo a partir do término da guerra fria, quando se apregoava o fim de uma ordem e a construção de um mundo novo completamente distinto daquele até então conhecido. O aumento da cooperação e a formação de blocos, visando integrar regiões em todos os continentes, passaram a ser assunto do dia, independentemente das latitudes e das orientações políticas e ideológicas.

Imaginavam os mais otimistas que a política de poder implementada pelos Estados cederia espaço, sendo substituída pelo aumento da cooperação e com as grandes organizações e conferências internacionais desempenhando papel cada vez mais ativo, por exemplo, nos anos 1990, com a agenda social discutindo desde o meio ambiente, a pobreza, os problemas demográficos e a questão urbana e habitacional.

Mas, ao mesmo tempo em que a guerra fria chegava ao fim, verificaram-se conflitos de forte intensidade, seja no Oriente Médio, seja no Leste Europeu. Contrariava-se, assim, a expectativa daqueles que pensavam o mundo sob outros prismas, onde o uso da força e da violência fosse mera lembrança.

Paradoxalmente, enquanto se tornava comum a retórica da globalização e da interdependência, acirravam-se os ânimos de políticas nacionais elaboradas com tanto ou maior vigor do que antes. Nacionalismos, xenofobismos, protecionismos foram, entre outras, políticas implementadas visando salvaguardar interesses nacionais na ordem pós-guerra fria.

Na realidade, tal quadro não se diferenciava do que se verificou nas décadas anteriores, por exemplo, com o fim da Segunda Guerra Mundial. Assim que essa chegou ao seu término, a divisão do mundo caracterizou o sistema internacional durante duas gerações, em conjuntura marcada pelo que se designou *equilíbrio do terror nuclear*. Enquanto os Estados Unidos da América de um lado, e a União Soviética de outro, controlavam rigidamente seus impérios, nem por isso manifestações de contestação de tal ordem foram bloqueadas, seja no aspecto ideológico, seja no plano político-econômico, com os países não alinhados ou com o bloco do Terceiro Mundo.

Países outros, mesmo não incluídos dentre esses dois últimos grupos, tiveram, igualmente, que se ajustar às regras do mundo bipolar pós-1945. Tal comportamento pode ser observado, inclusive, através dos países que participaram efetivamente do conflito e, na condição de perdedores, adequaram-se às conjunturas regionais e internacionais.

O Japão foi um desses Estados que, sendo o último a ser derrotado, foi também um dos que mais sofreram transformações desde então. Com parte do território sediando tropas norte-americanas, converteu-se em importante agente do cenário global, no espaço de apenas duas gerações.

Existe, no plano internacional, vasta bibliografia discutindo o "milagre japonês", como se designou a política econômica implementada pelo Japão nos anos 80. Mas, ainda que isso pudesse corresponder à realidade, o papel militar e político exercido por aquele país asiático sempre deixou a desejar, inclusive por limitações constitucionais (sobre reequipamento bélico).

No Brasil ainda são restritas as obras que tratam especificamente do Japão no cenário mais amplo das Relações Internacionais. Aquelas mais conhecidas exploram aspectos ligados à cultura milenar, e ao modelo de desenvolvimento econômico implementado nas últimas décadas. Com exceção de um ou outro livro, inexistem textos que têm como preocupação central temas como a política externa e a política de segurança e defesa japonesas. Não apenas desconhecemos os anos mais recentes, como também temos informações muito restritas sobre períodos anteriores.

Por isso, o presente livro de Paulo Daniel Watanabe preenche, em parte, esse vazio e reveste-se de extrema importância para os estudiosos das Relações Internacionais e, principalmente, para aqueles interessados em assuntos asiáticos. Nos anos 70 e 80 o Japão era considerado o país mais promissor a desempenhar papel de importância primeira no cenário global, representando o continente asiático. Pode-se dizer o mesmo na atual conjuntura, com a China ocupando espaços cada vez maiores em todo o mundo, seja no continente africano, na Europa e no continente latino-americano?

Quais os motivos que levaram ao aumento do papel exercido pelo Japão das últimas décadas, competindo com as grandes potências ocidentais, sobretudo nos domínios econômico e tecnológico? Quais os fundamentos das políticas implementadas pelo Império do Sol Nascente após a Segunda Guerra Mundial?

É disso que trata o texto ora apresentado. Com ênfase na atuação internacional e na política de defesa e segurança, o autor aborda com propriedade o que o país tem feito para desempenhar papel de relevância não apenas no nível econômico, mas também no âmbito militar.

As Forças de Autodefesa, as relações do país com os Estados Unidos e a China, bem como aspectos da política nuclear e a demanda japonesa, para ocupar uma vaga como membro permanente do Conselho de Segurança da Organização das Nações Unidas, merecem atenção do autor que utiliza boa bibliografia para suas análises.

Para o autor, "o Japão criou um modelo próprio de ascensão nas relações internacionais. É um Estado que não segue o modelo tradicional de ascensão (poder econômico gerando poder militar), como fizeram as grandes potências". País com características distintas daquelas conhecidas no mundo ocidental, uma das observações feitas pelo autor é que "o Japão não deve ser encarado como um Estado tradicional. Sua reinserção pós-guerra deu-se de forma única, diferenciando-o até da Alemanha, que vivencia condições semelhantes, por conta de questões regionais".

Escrito em linguagem acessível, mas nem por isso com menos rigor acadêmico, o livro deste jovem e competente pesquisador nos oferece informações bastante úteis para entender o que feito e refletir sobre o que se passa do outro lado do mundo.

Shiguenoli Miyamoto
Departamento de Ciência Política
Universidade Estadual de Campinas

INTRODUÇÃO

O JAPÃO, ATUALMENTE, é visto nas relações internacionais como um ator de peso nas questões econômicas, porém seu poder político ainda é limitado. Em 2010, o país perdeu seu posto de segunda maior economia mundial para a China, e recentemente, vem identificando ameaças de diversas naturezas, sendo a principal vinda da Coreia do Norte e da própria ascensão chinesa. A conjuntura atual do século XXI mostra que o país ainda é dependente da política externa norte-americana, principalmente em assuntos relacionados à segurança.

Os desafios atuais da política externa japonesa têm origem ainda no período pós-guerra. Após mais de 65 anos, a Segunda Guerra Mundial ainda reflete suas consequências nas relações internacionais nipônicas. Neste livro, analisa-se a construção da política externa japonesa após a Guerra. Pretende-se, também, explicar como o país se comportou em relação a sua segurança e a sua defesa no período da Guerra Fria.

O Japão emergiu nas relações internacionais contemporâneas de uma forma particular. Contrariando as previsões de analistas, o país não se tornou uma potência militar após adquirir o status de potência econômica. A história do Japão desde a Restauração Meiji, em 1868, mostra dois modelos de inserção internacional diferentes, tendo como divisor a Segunda Guerra Mundial. O primeiro modelo é fortemente amparado pela força militar, enquanto o segundo tem como base a economia.

A fim de ilustrar o contraste entre os dois modelos, o primeiro capítulo aborda o surgimento do Império Nipônico como uma potência militar. O fator principal observado nesse período é a tentativa de distanciar-se do continente asiático para aproximar-se do Ocidente (Europa e Estados Unidos), um comportamento que também pode ser observado no período pós-Segunda Guerra Mundial. A resposta do Japão às influências externas no século XIX foi diferente das demais nações asiáticas. Com certa equidade alcançada, o arquipélago, após a Primeira Guerra Mundial, lançou-se com maior força em um projeto de expansão e de imperialismo que resultou em sua derrota incondicional na Segunda Guerra.

A utilização do elemento força também é verificada como um pilar de sua política externa nesse momento. Apesar de não se envolver diretamente no primeiro conflito mundial, o arquipélago tomou as posses alemãs asiáticas e tornou-se um grande fabricante de navios. O projeto de grandeza, naquele momento, somente seria realizado pela superioridade militar.

O segundo capítulo tem como objetivo abordar como se deu a ocupação dos Aliados após o final da Segunda Guerra

Mundial. O período, quando se inicia a Guerra Fria, se faz importante por apresentar as primeiras demonstrações de como o Japão iria comportar-se após reaver sua soberania. São apresentadas as principais políticas dos Aliados e o papel que os Estados Unidos tiveram no processo de ocupação. Nesse período, um dos fatores mais importantes para a política externa do país foi a adoção de uma nova Constituição em 1947 (ainda vigente), que por meio do Artigo 9º, privou o país de possuir Forças Armadas, que lhe retirou o direito de guerra, e inicialmente, de se defender. A nova Constituição e seus entraves criaram uma ideologia focada na reconstrução econômica, deixando a questão da segurança em segundo plano. A última parte desse capítulo aborda o momento final da ocupação e a retomada da soberania, que foi realizada por meio de dois tratados: o Tratado de Paz de São Francisco (1951) e o Tratado de Segurança Japão-Estados Unidos. Ressalta-se que a aceitação do Japão a esses termos era uma condição subliminar para que pudesse reaver sua soberania.

No terceiro capítulo, procura-se analisar a construção autônoma da política externa japonesa após o fim da ocupação. Nesse contexto, o Primeiro-Ministro Yoshida Shigeru tem um papel central ao desenvolver o que seria futuramente chamado de "Doutrina Yoshida". Esse pensamento constituiu uma política adotada pelo Japão ao longo da Guerra Fria, que era baseada na busca incessante pelo crescimento econômico do país, na ausência nos assuntos internacionais, e na baixa importância a questões relativas à segurança do arquipélago, pois essa área seria amparada pelos Estados Unidos. A relação, muitas vezes vista como subordinação, com os Estados Unidos era o pilar central da Doutrina Yoshida. Nesse mesmo contexto, foram criadas as Forças de Autodefesa que tiveram origem nas necessidades norte-americanas na Guerra da Coreia e na Guerra Fria. Nesse período, é possível ver a modificação dos entendimentos constitucionais (artigo 9º) e a tentativa dos Estados Unidos de reverter o sentimento antimilitarista no Japão para servir-lhe de aliado conta o Comunismo.

Ainda no terceiro capítulo, abordar-se-ão outras questões importantes e definidoras. Na década de 1950, as relações com os Estados Unidos constituíam, praticamente, o único pilar da política externa japonesa. Os interesses japoneses, naquele momento, giravam em torno do papel que Washington poderia desempenhar, como por exemplo, a entrada do país como membro efetivo na Organização das Nações Unidas, e a devolução de Okinawa. Assim, é apresentada uma síntese do desenvolvimento das relações bilaterais e as suas consequências em outros setores, como a indústria de defesa e o programa nuclear japonês.

O quarto capítulo apresenta o Japão já inserido internacionalmente como uma potência econômica criada a partir da década de 1970, aproximadamente. Nesse momento, o alinhamento aos Estados Unidos já se encontrava sólido na sua política externa e, novamente, o arquipélago mostrava-se mais ocidental que asiático. O fator importante do período é que ao atingir seu objetivo, a Doutrina Yoshida não foi interrompida. Nessa fase, o país passou por uma mudança em seu comportamento e se assumiu como uma potência responsável pela estabilidade econômica e social da região, tornando-se o maior doador de ajuda externa (ODA) em 1989.

Em 1976, foi criada a primeira doutrina militar, definindo o que seria a Força Básica de Defesa, a fim de evitar a imagem da remilitarização que era temida diante dos altos investimentos para defesa. Além de 1% do PIB destinado em média por ano, as Forças de Autodefesa passaram por quatro planos de modernização de equipamentos, que tinham suas verbas dobradas a cada programa.

Nessa década, há a normalização das relações com a China, que se tornou um grande parceiro comercial. Com sua economia próspera, o governo japonês liberou empréstimos, a fim de beneficiar indústrias japonesas e melhorar as relações, que se tornavam turbulentas em alguns momentos. Para dar mais suporte ao seu novo papel nas relações internacionais, o Japão insistiu na reforma do Conselho de Segurança, pleiteando um assento permanente, e ainda estava decidido a reivindicar a mudança da Carta da ONU por conter as "cláusulas de inimigos", o que era visto como uma humilhação ao povo japonês.

Nesse mesmo contexto, o governo de Nakasone Yasuhiro (1982 até 1987) foi visto como a maior tentativa de romper com a Doutrina Yoshida. Antes de tornar-se Primeiro-Ministro, Nakasone era um grande crítico da Constituição e da subordinação aos Estados Unidos. Sua política externa, contudo, não representou grandes mudanças. Quando assumiu a liderança, poderia mudar os rumos da política externa e da segurança, pois o país já poderia arcar com os custos de tais transformações. A decisão de continuar a Doutrina Yoshida pode ser entendida como o receio japonês de acabar com suas prerrogativas e ganhos durante a Guerra Fria. A continuidade mostrou que o contexto internacional da Guerra Fria era benéfico ao modelo de desenvolvimento criado pelo Japão.

Ao longo do período estudado, pode-se afirmar que a Doutrina Yoshida e a subordinação aos Estados Unidos foram aspectos racionais do Estado japonês, que buscou maximizar seus ganhos de acordo com as explicações citadas. Contudo, pode-se verificar que o país abandonou a ideia de constituir-se uma potência militar declarada. A última parte do capítulo quatro tem como objetivo analisar teoricamente o comportamento japonês apresentado ao longo do trabalho.

Todos os nomes japoneses foram escritos respeitando a grafia japonesa e o uso original (sobrenome seguido de nome). As citações de língua inglesa foram traduzidas livremente pelo autor, contudo, nos casos de ambiguidade, é apresentada a versão original no rodapé. Ao final do trabalho, há uma seleção de documentos e tratados em suas versões originais, que estão sob domínio público, a fim de facilitar a leitura.

A realização e a publicação desta obra recebeu apoio da Fundação de Amparo à Pesquisa do Estado de São Paulo (Fapesp). As opiniões, hipóteses e conclusões ou recomendações expressas neste material são de responsabilidade do autor e não necessariamente refletem a visão da Fapesp.

capítulo 1
O IMPÉRIO

EM MENOS DE UM SÉCULO, a partir de 1868, o Japão deixou de ser um pequeno conjunto de ilhas localizado no Extremo Oriente para tornar-se uma das maiores potências militares do mundo. Ainda dentro desse período, a recém formada potência foi esmagada por uma guerra de proporções mundiais, conseguiu reerguer-se e tornou-se um polo de poder econômico.

A forma pela qual o país respondeu a influências externas no século XIX foge aos padrões tradicionais. Ao invés de ser subjugado e reprimido, o arquipélago lançou-se em um projeto de grandeza com o objetivo de evitar qualquer invasão branca e de equiparar-se às potências ocidentais. Nesse período, principalmente com a Guerra Russo-Japonesa, o arquipélago aproximou-se dos Estados Unidos, defendendo um modelo anglo-saxão e distanciando-se da Ásia. Tinha a intenção de ser diferente de "outros asiáticos" (chineses, coreanos, filipinos) e, por isso, foram conhecidos pelos norte-americanos como "arianos honorários".

No final da Segunda Guerra Mundial, o Japão voltou a representar apenas um "insignificante" conjunto de ilhas no Leste Asiático. Seu poder militar foi neutralizado e, ainda, comprometeu-se a nunca constituir uma ameaça militar aos Estados Aliados. Nesse trajeto, é possível verificar o grau de importância flutuante que o poder militar representou ao país em diversos períodos.

Este capítulo tem como objetivo abordar as fases pelas quais o Japão passou durante o fim do século XIX até meados do século XX.

UMA GRANDE POTÊNCIA NA ÁSIA

A história moderna do Japão tem início no século XIX. Em 1868, o Japão vivenciou o que hoje é chamado de Restauração Meiji, a qual é conhecida como um dos mais importantes acontecimentos na história do país. Antes dela, o país constituía uma sociedade feudal. As terras eram divididas entre os senhores feudais, que eram conhecidos como *daimyo*, e acima deles na hierarquia, estava o *Xogum*, cujos poderes de governar eram delegados pelo Imperador. No período anterior à Restauração, quem ocupava o cargo de *Xogum* era a dinastia (ou clã) Tokugawa, que comandava desde o início do século XVI. No período em que Tokugawa subiu ao poder, as disputas internas que existiam foram abafadas, fortalecendo o governo central. Por conter revoltas internas, invasões externas, e assim, garantir a estabilidade do país, esse período ficou conhecido como "*Pax Tokugawa*".

Em 1543 o Japão recebeu os primeiros missionários cristãos. A sociedade japonesa se mostrava aberta a outras religiões. Aceitavam, sob o mesmo teto, o budismo e o xintoísmo.

Com o cristianismo, em tese, não seria diferente. A religião ocidental, contudo, tinha suas próprias exigências. Os missionários cristãos exigiram que a sociedade escolhesse uma religião. Inseguro com a exigência de adoração a um Deus ocidental, o *Xogum* Ieatsu Tokugawa percebeu que a religião cristã era uma ferramenta de conquista dos governos dos Estados ocidentais (BRADLEY, 2010). Assim, para impedir a invasão ocidental, o soberano determinou um estrito controle sobre contatos políticos e econômicos com o exterior, pois buscava poder ilimitado sobre o território, e os estrangeiros e cristãos eram vistos como subversivos (KENNEDY, 1987, p. 15). Essa política foi conhecida como *Sakoku* ou isolacionismo.[1] Isso fez com que o arquipélago ficasse afastado do mundo por dois séculos e meio.[2] A única exceção era a Holanda, que era autorizada a possuir uma base mercantil na baía de Nagasaki. Segundo Togo (2005), o Japão se havia fechado apenas para as nações do ocidente, mantendo comunicação com a China e com a Coreia. Apesar de manter o arquipélago protegido, o isolacionismo criou um vácuo de poder na Ásia, onde Grã-Bretanha, Rússia, Espanha e Estados Unidos poderiam disputar territórios (BRADLEY, 2010).

---

1 Os japoneses convertidos eram pressionados a renunciar ao catolicismo, a população era proibida de viajar ao exterior, e os navios japoneses deveriam ter a popa quadrada (incompatível com longas viagens). Os traidores, ou seja, aqueles que davam informações sobre o país a estrangeiros eram sentenciados a morte (BRADLEY, 2010).

2 Com o início do isolacionismo, o clã Tokugawa deu ao país o que é chamado de *Taihei* (grande paz). Não havia nenhuma Marinha por suas costas, os samurais se tornaram professores e burocratas, enquanto os cristãos brancos guerreavam em outros territórios. Assim, o governo japonês investiu na população. Muitas artes tradicionais nipônicas são originárias desse período de *Taihei* (Haikai, Cerimônia do Chá etc) (BRADLEY, 2010).

No período isolacionista, em 8 de julho de 1853, o Japão recebeu a visita do Comodoro norte-americano Matthew C. Perry com os conhecidos "navios negros", obrigando o arquipélago a abrir seu comércio ao Ocidente. Perry tinha como missão oficial firmar um tratado de amizade com o Japão, entretanto, sua real intenção era fazer uma demonstração do poder militar norte-americano, a fim de influenciar os japoneses. Funcionou muito bem, pois perante o poder militar na baía de Tóquio, o governo japonês não teve escolha. Perry afirmava que tinha 50 navios em águas próximas e mais 50 navios na Califórnia, que em 20 dias poderiam chegar ao Japão. Além disso, Perry alertou os japoneses sobre o que havia acontecido ao México quando desafiou os Estados Unidos, presenteando representantes nipônicos com dois livros sobre o assunto. Em 29 de julho de 1858, foi assinado o Tratado de Amizade e Comércio Estados Unidos-Japão, após Perry ameaçar novamente chamar navios britânicos para bombardear Tóquio por conta da relutância japonesa (BRADLEY, 2010).

No início de 1868, após ataques russos e norte-americanos em partes do território japonês e perante a falta de habilidade do *Xogum* para conduzir a abertura do país, iniciou-se um movimento nacionalista com a ajuda de samurais, a fim de manter a integridade do território e da nação nipônica. O movimento teve com destino o complexo imperial em Quioto, onde o jovem imperador foi declarado o soberano da nação. Deu-se assim a Restauração. Em 1868, iniciou-se a Era Meiji.

Um acontecimento importante durante esse período pós--Restauração foi a promulgação de uma Constituição. O documento constitucional da Era Meiji foi adotado em 1889 e, segundo comparações de Donald Keene, professor da Universidade de Columbia, foi a mais avançada de todos os Estados asiáticos (KEENE, 2002, p. 422). O documento iniciou uma fase de governança representativa, por meio da criação do Parlamento (Dieta). Na Constituição da Era Meiji, entretanto, o Imperador era tido como sagrado e inviolável.[3] Todos os direitos soberanos pertenciam a ele, mostrando o quanto o povo estava distante do poder. A Constituição do Japão de 1889 foi baseada na Constituição Alemã instituída por Bismarck, em que o poder era centralizado nas mãos de poucos.

Em meados do século XIX, o Japão já exercia sua política expansionista pela Ásia. Desde a Restauração de 1868, os governantes japoneses sabiam que o país estava cercado por Estados imperialistas (ocidentais) incomparavelmente mais fortes. Para o Japão sobreviver e manter-se como uma nação independente nesse ambiente, era necessário definir o lugar do país e o que se deveria fazer para que não fosse dominado por outras nações. A força que levou o Japão a modernizar-se era o medo de que o Japão fosse dominado por estrangeiros (COONEY, 2006). "Nenhum país não branco havia mantido sua independência assim que uma força militar branca pisava em seu solo. China, Índia e Egito tinham histórias ricas, mas estavam sob os calcanhares de botas brancas." (BRADLEY, 2010).

Assim, entre 1871 e 1872, foram enviadas delegações aos Estados Unidos e a alguns Estados europeus. As delegações ficaram conhecidas como "Missão Iwakura", por serem lideradas pelo político Tomomi Iwakura. No retorno, a delegação enviada informou ao governo que se o Japão quisesse coexistir entre as nações visitadas, ele deveria ser

---

3 Bradley (2010) afirma que o Imperador recebeu o título de sagrado, pois era necessário encontrar um equivalente ao Deus ocidental.

um país militarmente forte. Todavia, para chegar a esse ponto, o país deveria ser bem governado, e sua economia próspera. Aproveitando os impulsos da necessidade de fortalecer-se internamente, o Japão vivenciou a expansão da Revolução Industrial. A precariedade de matérias-primas e de mercados externos levou o país a praticar uma política de expansão imperialista no Extremo Oriente, baseado no lema "Fukoku Kyohei" ("País Rico e Força Militar"). Com a escolha em tornar-se uma potência parecida com os ocidentais, o Japão preferiu afastar sua identidade da Ásia, sendo diferente dos outros asiáticos, aproximando-se dos ocidentais brancos. A única maneira de chegar a esse fim era tornar-se uma potência militar, pois haviam visto o exemplo dos Estados Unidos:[4]

> Fukuzawa [estrategista militar japonês] observou: "Cem volumes de direito internacional não são páreos para alguns canhões. Um punhado de tratados de amizade não pode competir com um pouco de pólvora. Canhões e pólvoras são máquinas que podem criar princípios onde não havia nenhum." (BRADLEY, 2010).

Ao executar uma política mais assertiva para construir um Estado forte perante as grandes potências ocidentais, duas eram as preocupações dos governantes na recém-iniciada Era Meiji. A primeira era a revisão dos tratados "desiguais" que foram assinados com outras nações (Estados Unidos,

---

[4] Após copiar todos os costumes ocidentais (roupas, talheres, meios de comunicação etc.), os norte-americanos começaram a chamar os japoneses de "arianos honorários" (BRADLEY, 2010).

Holanda, Rússia, Grã-Bretanha, França e Portugal) durante a época do Xogunato, relativos à jurisdição de estrangeiros no Japão e a impostos alfandegários. No primeiro caso, os estrangeiros que moravam dentro das zonas residenciais destinadas a estrangeiros não respondiam às leis japonesas, e no segundo, o Japão não podia fixar suas próprias taxas alfandegárias. Esses assuntos foram totalmente resolvidos apenas em 1911, demonstrando o fardo que o governo Meiji carregava desde a Restauração (TOGO, 2005).

A segunda preocupação era em relação às fronteiras com outros países. Com a Rússia, o Japão já havia estabelecido um acordo em 1855, determinando que as ilhas Kurilas seriam divididas entre os dois países de acordo com a proximidade de cada território. Contudo, a ilha Sakalina não foi citada no acordo, criando um novo tratado em 1875, que cedia a ilha Sakalina à Rússia, e as ilhas Kurilas ao Japão.

Com a China, a disputa era em relação à ilha de Okinawa, localizada ao sul do arquipélago. A decisão sobre a posse da ilha apenas ocorreu após a guerra Sino-japonesa de 1895. Mesmo aumentando sua influência na Ásia, o Japão ainda tinha menor projeção de poder quando comparado com as outras potências, como a Grã-Bretanha e os Estados Unidos. A única maneira de conseguir superar essa dificuldade era continuar a campanha pela busca de poder. Os tomadores de decisão da Era Meiji eram guiados pela *realpolitik*, que em termos simples, significa a política da busca ininterrupta pelo interesse nacional, desconsiderando nessa busca aspectos ideológicos, morais ou aceitos como corretos: fazer o que se tem que fazer pelo interesse nacional. Assim, a *realpolitik* virou o caminho certo para garantir a sobrevivência do país. (TOGO, 2005).

Em torno de 1890, um dos líderes da Restauração Meiji, Aritomo Yamagata, afirmava que o Japão deveria cuidar da "linha da soberania", que eram as áreas das fronteiras demarcadas, e da "linha de influência", onde a segurança do Japão estaria em risco. Na linha de influência estava, em primeiro lugar, a península da Coreia. A posição geopolítica da Coreia poderia ameaçar e ferir o Japão como uma "adaga" (TOGO, 2005). A ideia de inserir a península coreana dentro da zona de influência do Japão vinha desde a Missão Iwakura, entretanto, na época era considerada uma ideia prematura. Havia também o temor de que a Coreia entrasse nas zonas de influências da China ou da Rússia (TOGO, 2005).

A primeira medida realizada para garantir a Coreia na zona de influência do Japão foi o que causou a guerra Sino-Japonesa em 1894. A China era a grande defensora da Coreia, pois receava os danos que as relações Japão-Coreia poderiam gerar. A guerra contra a China foi uma ferramenta para atingir o objetivo central de busca pelo poder máximo. Em 1894, um grupo rebelde coreano iniciou uma revolução nomeada *Ton-Haku*. Temendo a revolta, o governo coreano chamou os exércitos chineses para reprimi-la. Para evitar a aproximação entre os dois vizinhos, o Japão enviou suas próprias Forças para a batalha. Após reprimir o movimento, o Japão pressionou o governo coreano a romper as relações com a China. Não contente com a ação japonesa, a China iniciou um conflito com o Japão em julho de 1984. No ano seguinte, após vencer a China no mar e na terra, os dois países decidiram assinar um acordo de paz. Os maiores ganhos do Japão foram a independência da Coreia, a anexação de Taiwan (Formosa) e das Ilhas Pen Fu (Pescadores), assim como da península Liaotung e a indenização de 300 milhões de Ienes.

Após a guerra contra os chineses em 1894-1895, o Japão já demonstrava suas grandes habilidades navais, o que chamava atenção da Grã-Bretanha, Rússia, Alemanha e França. A Rússia, juntamente com a Alemanha e a França, fez um anúncio ao Japão para que renunciasse à anexação da península Liaotung. O Japão não tinha capacidade militar para declarar guerra contra as três nações ao mesmo tempo. Restou-lhe apenas aceitar a solicitação russa.

A notícia de que a península Liaotung havia sido retornada à China chegou à sociedade japonesa como um choque de alta voltagem (TOGO, 2005), alimentando a *realpolitik*: "Isso tomou o país todo, e a nação inteira recarregou suas energias para trabalhar, trabalhar e trabalhar para fazer do Japão um país forte politicamente, economicamente e militarmente." (TOGO, 2005). O historiador James Bradley (2010) afirma que a população japonesa acreditava que a explicação da intervenção havia sido aplicada por causa da cor da pele. "O Japão fizera correta e justamente o jogo do branco cristão – travava uma batalha contra um país incivilizado, provava sua superioridade no campo de batalha e recebera as concessões a que tinha direito." Nenhuma nação se queixava quando um país branco cristão tomava territórios.

A perda da península também levou os governantes a uma reflexão: o Japão cedeu, pois não tinha aliados para apoiá-lo. A Grã-Bretanha, que o observava após a vitória contra a China, dividia com ele o mesmo interesse: evitar a expansão de outras potências, principalmente da Rússia. Assim, em 1902, as duas ilhas assinaram um tratado conhecido como Aliança Anglo-Japonesa, que vigorou até 1923. Assim como Londres precisou aproximar-se de Washington para suprir deficiências militares no Atlântico, uma aliança com Tóquio também era necessária para suprir a defasagem no Pacífico (KUPCHAN, 2010, p. 135). É importante, contudo, citar as grandes diferenças entre o Japão e a Grã-Bretanha. Quando a aliança foi assinada, a Grã-Bretanha havia atingido o ponto máximo de poder e ainda era a rainha dos sete mares, enquanto o Japão era uma nação no Extremo Oriente que acabara de começar a sair da obscuridade, segundo as palavras de Yoshida Shigeru (1961).

Após a devolução da península Liaotung, as relações Japão-Rússia ficaram delicadas. A Coreia ainda era a principal preocupação do Japão, por isso, acreditava-se que o equilíbrio seria encontrado se a Coreia permanecesse na zona de influência japonesa, e a Manchúria, na russa (TOGO, 2003). As tensões aumentaram quando a Rússia não se retirou da Manchúria no tempo acordado em um tratado com a China de 1902, e ainda, havia sinais de que os russos tentavam estabelecer uma base militar na Coreia. A guerra teve início em 8 fevereiro de 1904, com o ataque surpresa japonês às frotas russas em Port Arthur.

Quando, em 6 de fevereiro de 1904, o Japão rompeu relações com a Rússia, o presidente norte-americano Theorode Roosevelt fez a seguinte anotação pessoal: "A simpatia dos Estados Unidos está inteiramente ao lado do Japão, mas manteremos absoluta neutralidade" (BRADLEY, 2010, p. 205). Os russos, caso dominassem a Coreia, iriam cercar o Japão e os interesses dos Estados Unidos, pois a Manchúria era uma região rica em recursos naturais, e segundo a fala de um oficial russo ao senador Albert Beveridge, a Rússia se tornaria mais poderosa que os Estados Unidos em pouco tempo. Beveridge escreveu a Theodore Roosevelt: "Só há uma forma de desalojar os russos da Manchúria: as baionetas como espadas dos soldados do Japão, os navios de guerra do Japão, os canhões de cerco do Japão" (BRADLEY, 2010). A intervenção tripla tivera uma influência negativa na expansão do Japão. Os Estados Unidos, contudo, estavam dispostos a reanimá-los com ajuda militar, mas o Congresso não aprovaria uma autorização. Com o fim da guerra, Theodore Roosevelt escreveu ao filho "Eu fiquei muito contente com a vitória japonesa, pois o Japão está jogando o nosso jogo (BRADLEY, 2010). Em maio de 1905, os russos já haviam perdido grandes batalhas terrestres e navais, inclusive uma frota de 32 navios no Estreito de Tsushima (entre a península da Coreia e a do Japão). Certamente foi uma vitória sem precedentes dos japoneses, tanto no mar quanto na terra. Humilhado pela derrota no Extremo Oriente, e com uma revolução iniciada, o governo russo só tinha uma opção, a de terminar a guerra (DONALDSON; NOGEE, 2009, p. 27). Com a assinatura de um tratado de paz mediado pelo Presidente norte-americano Theodore Roosevelt em agosto de 1905 em Portsmouth, o Japão retomou a península Liaotung, anexou a parte do sul da Ilha Sakalina e ganhou o direito de controlar o transporte ferroviário da Manchúria. Dois anos depois a Rússia assinou um tratado com o Japão explicitamente renunciando seu interesse na Coreia e no Sul da Manchúria, em troca do reconhecimento dos interesses russos pelo norte da Manchúria e pela Mongólia (DONALDSON; NOGEE, 2009).

A vitória na Guerra Russo-japonesa deu ao Japão o reconhecimento por parte dos Estados ocidentais como um poder diferente. A partir desse momento, o arquipélago foi visto pela primeira vez como uma potência militar pelos europeus, enquanto na Rússia o czarismo mostrava sua fraqueza e decadência (HOBSBAWM, 1998, p. 410 e p. 418). O objetivo da Restauração Meiji havia sido alcançado. O reconhecimento do Japão como uma potência gerou mudanças nas relações deste com os Estados Unidos. Após a mediação no tratado de paz, os norte-americanos começaram a enxergar o Japão como uma ameaça a seus interesses. "Inicialmente encarado como uma zona de oportunidade, o Japão, depois de seu rápido processo de modernização econômica e política, acabou se convertendo em poder hostil ao interesse norte-americano, disputando influência regional [...]" (PECEQUILO, 2005, p. 85). A presença do Japão na Manchúria poderia levar o país a inserir a China em sua zona de influência. Qualquer tentativa de expansão estrangeira sobre a China ia contra a Política das Portas Abertas, anunciada em 1899 pelo Secretário de Estado John Hay por meio da *Open Door Note*, que

> afirmava que os empreendedores e negociadores norte-americanos deveriam gozar de perfeita igualdade e liberdade de tratamento para seu comércio e navegação dentro de toda a China, incluindo áreas que pudessem estar sob o eventual comando de outros países. Posteriormente, a segunda nota, ainda relativa especificamente àquele país, estabelecia que todos os poderes deveriam preservar a integridade territorial e administrativa da China. (PECEQUILO, 2005, p. 85)

No ano de 1907, os Estados Unidos lançaram um plano chamado "Plano Laranja", que visava preparar o país para uma possível guerra contra o Japão. Perante isso, o Japão iniciou o fortalecimento de sua Força Naval. Em 1909, o Secretário de Estado Philander Knox, propôs colocar a ferrovia da Manchúria sob controle internacional, mas o Japão negou, pois a Manchúria já era vista como uma área vital em sua esfera de influência (TOGO, 2005). Contudo, o conflito armado era uma das últimas opções para os dois lados. Isso é visto por meio do Memorando Katsura-Taft (Primeiro-Ministro japonês e secretário de guerra norte-americano, respectivamente) de 1905, que reconheceu a Coreia como uma zona de influência do Japão, e as Filipinas, como uma dos Estados Unidos. Era do interesse do Japão e dos Estados Unidos a manutenção do *status quo* do Pacífico, como demonstrado no Acordo Takahara-Root de 1908.

Com a Rússia, as relações melhoraram após a guerra. Tanto a Rússia como o Japão tinham noção das pretensões dos Estados Unidos na Manchúria. Assim, até 1916, foram assinados quatro acordos, sendo o último, visto como uma aliança militar entre os dois (TOGO, 2005).

No final da primeira década do século XX, a grande preocupação da Grã-Bretanha não era mais a Rússia. A Alemanha estava se desenvolvendo muito rápido e sua política expansionista poderia desequilibrar o sistema regional. Assim, a Grã-Bretanha não se incomodou com a aproximação do Japão à Rússia ou outra potência europeia, como a França (1907). Pelo contrário, a Grã-Bretanha viu a necessidade de distanciar-se um pouco do Japão, pois a tensão crescente entre os Estados Unidos e o Japão poderia colocar os britânicos em uma posição delicada. "Em caso de crise entre os Estados Unidos e o Japão, a Grã-Bretanha não queria colocar-se em uma posição de ter que lutar contra os Estados Unidos." (TOGO, 2005). Assim, em 1911, os Estados Unidos foram excluídos do alcance da aliança Anglo-Japonesa.

O JAPÃO NA PRIMEIRA GUERRA MUNDIAL

Até o primeiro grande conflito mundial, a participação japonesa em assuntos internacionais era crescente. Após a guerra contra os russos, o Japão foi visto de fato como uma grande potência pelos europeus e norte-americanos. Sendo uma potência, era esperada a participação japonesa na Primeira Guerra Mundial, ao lado de seus aliados. No dia 23 de agosto de 1914, o Japão declarou guerra à Alemanha e iniciou sua campanha pelo Pacífico.

O objetivo inicial era conquistar os interesses alemães no Extremo Oriente. Sendo assim, o Japão atacou e ocupou algumas posses alemãs no Pacífico, entre eles, Qingdao, localizado na península Shandong, onde a Alemanha tinha uma base.

O segundo objetivo era manter sua zona de influência intacta na China. Em outubro de 1911, estourou um movimento revolucionário na China, causando a renúncia do imperador chinês em fevereiro de 1912. A partir da renúncia da Dinastia Qing, uma nova República foi criada, sob a liderança de Yuan Shi-Kai. Sabendo que a Europa era o centro das atenções das grandes potências, o Japão decidiu solidificar a sua zona de influência sobre a China por meio da imposição de 21 cláusulas. Nessas cláusulas, o Japão teria direito de herdar todos os privilégios alemães na região da península Shandong, estender esses privilégios à Manchúria e Mongólia, e intervir em assuntos internos da China. Após meses de negociação, a China conseguiu retirar sete cláusulas que davam o direito de o Japão intervir em assuntos internos.

Após o fim da guerra, em 1918, o Japão foi convidado a participar da Conferência da Paz no ano seguinte, ao lado da Grã-Bretanha, França, Itália, e Estados Unidos. Foi a primeira vez em que o Japão foi incluído em um fórum multilateral como um dos países líderes do mundo. Na ocasião, a delegação chinesa era contra o domínio japonês nas antigas posses alemãs, mas após negociação, a China cedeu. Isso gerou um forte sentimento antijaponês na China, e após 3 anos, a península Shandong foi devolvida. A Conferência de Paris resultou grandes sentimentos de rivalidade entre o Japão e a China (TOGO, 2005). Com o fim da Conferência, o Japão foi incluído no Conselho Executivo da Liga das Nações, juntamente com outras potências: inicialmente, Grã-Bretanha, França e Itália, uma vez que os Estados Unidos não participaram da organização.

Além de posicionar-se entre as grandes potências da Europa, a economia japonesa obteve um grande crescimento por conta da Guerra. O Japão teve mais ganhos que os Estados Unidos. As importações e as exportações triplicaram e a produção de aço e cimento mais que dobrou. O país se tornou o maior produtor de navios do mundo. A dívida externa do arquipélago foi liquidada durante a Guerra, tornando-o um credor (KENNEDY, 1987, p. 299)

Com o fim da Primeira Guerra Mundial, apesar de não ter participado diretamente nos blocos, o Japão ficou ao lado dos vencedores, tomando as posses territoriais alemãs na Ásia. Em fevereiro de 1922, durante a Conferência Naval de Washington, as grandes potências (EUA, Grã-Bretanha, França, Japão e Itália) assinaram um acordo denominado "Tratado de Limitação Naval das Cinco Potências", criando uma cota de navios de guerra entre eles. Para cada cinco navios capitais mantidos pelos Estados Unidos e pela Grã-Bretanha, o Japão manteria três e a França e a Itália, 1,75. Com o tratado, os EUA e a Grã-Bretanha comprometeram-se a não expandir sua força naval na região asiática.

O JAPÃO NA SEGUNDA GUERRA MUNDIAL

Antes de abordar a participação do Japão na Segunda Guerra Mundial, é fundamental destacar o comportamento do país no período entre guerras a fim de compreender os fatores que levaram o país à Guerra do Pacífico. Como visto anteriormente, a Manchúria foi uma região altamente disputada entre os seus vizinhos. No final da década de 1920, a região foi novamente o motivo para um conflito armado. Em 1929, com a crise mundial, as tropas japonesas na Manchúria (conhecidas como Exército de *Kwantung*) estavam convencidas de que o interesse nacional somente estaria assegurado se houvesse uma área autosuficiente para o desenvolvimento econômico do país, assim, era fundamental manter a Manchúria sob domínio japonês. "Eles se preocupavam com a forma na qual a economia da Manchúria havia sido afetada pela recessão mundial [...]" (TOGO, 2005). Em 1931, o Exército Kwantung explodiu uma ferrovia próxima a Shenyang, sob o pretexto de que rebeldes chineses o forçara tomar tal atitude. Assim, o exército japonês conseguiu ocupar uma vasta área no sul e no norte da Manchúria. Esse episódio é conhecido por "incidente da Manchúria" ou "incidente de Mukden". Segundo Togo (2005), a opinião pública no Japão, preocupada com as dificuldades econômicas do país, viu com bons olhos a conquista de uma área de influência. Em março de 1932, a Manchúria tornou-se independente. O novo

Estado foi formado sob a liderança do herdeiro da Dinastia Qing, e após seis meses de formação, foi reconhecido pelo Japão, que tinha grande interesse em apoiá-lo, pois o novo Estado atuaria como um fantoche. Obviamente o governo da China não ficou satisfeito com a independência "pró-Japão" da Manchúria e levou o caso à Liga das Nações. Uma missão da Liga foi enviada à Manchúria e emitiu um relatório em outubro de 1932, afirmando que o território em questão deveria estar sob a soberania chinesa, mas com o direito resguardado de sua auto-determinação. No dia 24 de Fevereiro de 1933, o relatório foi enviado à votação na Liga das Nações, sendo o Japão o único que votou contra. Em março de 1933, o país se retirou da Liga.

A unificação da China em 1928 e as lutas internas entre nacionalistas e comunistas chamaram a atenção do Japão, pois, apesar da briga política interna, o sentimento antijaponês era comum nas duas partes, sendo um forte motivo para a unificação (TOGO, 2005). Em julho de 1937, o conflito entre os exércitos da China e do Japão iniciou o que foi conhecido mais tarde como "a guerra não declarada contra a China". Nessa guerra, ocorreu o ataque à Nanquim.

As relações pré-guerra com a Europa foram uma tentativa de evitar o isolacionismo, conforme ocorrido anteriormente. Eram três as opções do Japão: Grã-Bretanha e Estados Unidos; Rússia; Alemanha. A única opção viável era a Alemanha, pois a recém formada União Soviética, os Estados Unidos e a Grã-Bretanha viam o Japão como uma ameaça, mesmo com um tratado de não agressão.

A terceira opção ganhava cada vez mais força. Enquanto o Japão buscava maior influência na China, a Alemanha de Hitler crescia em ritmo avançado. Cada vez mais, políticos e militares simpatizavam com a Alemanha e admiravam o sucesso alemão em quebrar o *status quo* (TOGO, 2005). Dessa forma, em 1936, o pacto AntiComintern foi assinado entre o Japão e a Alemanha. Até 1940, questionava-se no Japão sobre a formação de uma aliança Japão-Alemanha-Itália, pois a aproximação com a Alemanha distanciava o Japão de outros Estados, principalmente os Estados Unidos. Em julho de 1940, o Ministro dos Assuntos Estrangeiros decidiu que "laços mais fortes com a Alemanha e com a Itália iriam consolidar a posição do Japão e permitiriam entrar em acordo com os Estados Unidos." (TOGO, 2005). Assim, em setembro de 1940, o Eixo estava formado, arrumando o ambiente para uma nova guerra.

Com os Estados Unidos, as relações pré-guerra estavam se deteriorando antes mesmo de o Japão aliar-se com a Alemanha e com a Itália. Em 1939, o governo dos Estados Unidos denunciou o Tratado de Comércio e Navegação com o Japão, e no ano seguinte, limitou a exportação de petróleo e ferro ao arquipélago. Como o país é pobre em recursos naturais, obviamente, a limitação de matérias-primas atingiu a economia do país. Entretanto, para burlar a escassez, o Japão invadiu a Indochina, aproveitando a fragilidade francesa na Europa. Em 1941, já dentro da aliança, Hitler acumulava vitórias na Europa, e o Japão dominava a Indochina por completo. Em resposta, os Estados Unidos embargaram todo o petróleo exportado ao Japão. Em abril de 1941, houve uma tentativa de acordo com o Japão, partindo dos Estados Unidos, em relação ao Eixo e à China. Nenhum acordo foi assinado, pois as condições dos Estados Unidos não interessavam ao Japão, e as suas não interessavam aos Estados Unidos. Após a frustração das negociações de julho, o governo imperial tentou não entrar em guerra contra os Estados Unidos, aceitando ceder em alguns aspectos, principalmente na Indochina, ao propor a retirada de suas tropas. Em 23 de novembro durante as negociações em Washington, o Secretário de Estado Cordell Hull entregou um memorando ao governo japonês, que foi recebido como um ultimato dos Estados Unidos. Em sete de dezembro, o Japão efetuou um ataque aéreo contra Pearl Harbor no Havaí. No dia seguinte, o Congresso dos Estados Unidos declarou guerra ao arquipélago nipônico, e iniciou-se a Guerra do Pacífico.

O FIM DO IMPÉRIO NIPÔNICO E O NASCIMENTO DE UM NOVO ESTADO

A Segunda Guerra Mundial é certamente um ponto marcante na história do Japão. O fim dela retirou o status de grande potência do Japão. A forma pela qual o conflito terminou foi responsável pela institucionalização de normas internas, que tiveram impactos na formulação de política externa e de defesa do arquipélago por décadas.

Com sua política de expansão pela Ásia, o Japão acumulava inimigos. Os territórios tomados após o final da Primeira Guerra Mundial também eram motivos de críticas vindos de outros Estados, principalmente da China. Ao longo do conflito, o país foi tema de algumas conferências realizadas pelos Estados Unidos da América e seus aliados. Na primeira, em 1943, realizada em Cairo, os Estados Unidos se reuniram com a China e com a Grã-Bretanha para oficializar operações militares conjuntas. A declaração final informa que "os Três Grandes Aliados" estavam lutando a guerra para restringir as agressões e punir o Japão:

São de suas intenções [dos três Aliados] que o Japão seja expulso de todas as ilhas do Pacífico, as quais anexou ou ocupou desde o início da Primeira Guerra Mundial em 1914, e que todos os territórios que roubou da China, como a Manchúria, Formosa e Pescadores sejam devolvidos à República da China. O Japão também será expulso de todos os territórios que conquistou com violência. (DEPARTAMENTO DE ESTADO DOS ESTADOS UNIDOS)

Ressalta-se que nessa conferência, a União Soviética ainda não se havia aliado aos Estados Unidos. A entrada da URSS somente se deu na Conferência de Teerã, em 1943, entretanto, sua principal preocupação era a Alemanha nazista. Os soviéticos somente se posicionaram em relação ao Japão na Conferência de Yalta, em fevereiro de 1945. Em Yalta, foi acordada a participação soviética na guerra do Pacífico ao lado dos Estados Unidos e do Reino Unido. O texto final afirma que a URSS declararia guerra ao Japão três meses após a rendição da Alemanha. O seu texto não foi publicado imediatamente após a conferência, pois a União Soviética, apesar de haver rompido o tratado de amizade com o Japão, ainda não havia declarado guerra. As condições para a participação soviética giravam em torno de posses territoriais. As principais exigiam a devolução dos territórios tomados pelo Japão na guerra Russo-japonesa de 1904. Franklin Delano Roosevelt e Winston Churchill, representantes dos EUA e Grã-Bretanha, respectivamente, aceitaram as condições de Josef Stalin, da URSS, e concordaram que os pedidos da União Soviética deveriam ser cumpridos após a derrota do Japão.

Cinco meses depois da Conferência de Yalta, entre 17 de julho e 2 de agosto de 1945, os líderes dos Estados Unidos, da União Soviética e do Reino Unido se encontraram em Potsdam (Alemanha) para acertar planos para o mundo pós-guerra, uma vez que a Alemanha se havia rendido um pouco antes. Nesse encontro foram formulados os termos para a rendição incondicional do Japão e para a ocupação dos Aliados. O objetivo principal era basicamente eliminar a influência e a autoridade da antiga ordem que havia guiado o povo japonês à guerra, visando estabelecer uma nova ordem de paz, de segurança e de justiça. A declaração, ainda, inclui diretamente os objetivos dos Estados Unidos para com o Japão: primeiro, assegurar que não iria novamente tornar-se uma ameaça aos Estados Unidos, à paz e à segurança do mundo, e segundo, estabelecer um governo responsável e pacífico, que seguisse os princípios de auto-governança democrática, porém não competiria aos Aliados impor ao Japão alguma forma de governo não apoiado pelo livre-arbítrio de seu povo. (COONEY, 2006, p. 26-27). A Proclamação de Potsdam foi feita pelos Chefes de Governo dos Estados Unidos, da China e do Reino Unido no dia 26 de julho de 1945. Como a URSS ainda não havia declarado guerra do Japão, não participou diretamente da emissão do documento:

> 3. [...] O poder que agora converge sobre o Japão é extremamente maior do que aquele que, aplicado aos nazis que resistiam, necessariamente devastou as terras, a indústria e o modo de vida de todo o povo alemão. A aplicação total de nosso poderio militar, ancorado em nossa determinação, significará a destruição inevitável e total das forças armadas

japonesas, como também inevitavelmente a completa devastação total do território nacional nipônico.

4. Chegou a hora de o Japão decidir se quer continuar sendo controlado por voluntariosos assessores militaristas cujos cálculos pouco inteligentes levaram o império Japonês à beira da aniquilação, ou se vai seguir o caminho da razão. (DEPARTAMENTO DE ESTADO DOS ESTADOS UNIDOS)

Primeiramente o Imperador Hirohito não aceitou a Declaração. Os Estados Unidos responderam com uma rápida e violenta ação: no dia 6 e 9 de agosto, duas bombas atômicas, cujas consequências, até então eram desconhecidas, foram lançadas sobre Hiroshima e Nagasaki. Essa ação obrigou o Japão a render-se. Em outra interpretação, sabia-se que a União Soviética declararia guerra ao arquipélago três meses após o término do conflito na Europa, ou seja, em oito de agosto (MEE JR, 2007, p. 62). Antes mesmo de essa guerra ser declarada, os EUA lançaram a primeira bomba e lançaram a segunda um dia após a declaração de guerra soviética. Essas medidas podem ser entendidas como estratégia norte-americana para evitar que os soviéticos aumentassem suas influências no Leste da Ásia.

Duas propostas foram enviadas pelo Japão para a rendição. No dia 10, o Imperador enviou uma mensagem aos Aliados por meio do governo suíço, informando que o Japão aceitaria a Declaração de Potsdam com uma exceção: não acabar com as prerrogativas do Imperador como um governante soberano. No dia seguinte, o Secretário de Estado dos EUA, James Byrnes, respondeu em nome dos

Aliados, afirmando que a partir do momento da rendição, a autoridade do imperador e do governo japonês em governar o Estado estaria sujeita ao Comandante Supremo dos Aliados, que tomaria as medidas que achasse necessárias para efetuar os termos de rendição. No dia 14 de agosto, o recém-empossado presidente norte-americano, Harry Truman, fez uma declaração pública afirmando que, nesse mesmo dia, havia recebido uma nova mensagem do governo japonês aceitando totalmente as condições da Declaração de Potsdam. E ainda, afirmou que o General Douglas MacArthur seria o responsável pela rendição formal no papel de Comandante Supremo das Forças Aliadas no Pacífico (sigla SCAP, em inglês). Enfim, em 15 de agosto de 1945, o Império nipônico declarou o fim do conflito ao povo japonês. Com a rendição incondicional do Japão, o país ficou aberto a seus inimigos, ou seja, àqueles que estavam em guerra contra o Japão. Além dos Estados Unidos, assinaram o documento: URSS, China, Reino Unido, Austrália, Canadá, França, Holanda e Nova Zelândia.

capítulo 2
A OCUPAÇÃO DOS ALIADOS

O ESTUDO DA OCUPAÇÃO DOS ALIADOS e, principalmente, da participação dos Estados Unidos nela é importante para compreender a forma pela qual o Japão construiu o seu pensamento de política externa após reaver sua soberania. As medidas adotadas nesse período tiveram, e ainda têm, impactos nas relações internacionais do arquipélago. Nesse capítulo serão abordadas políticas que moldaram a política externa do arquipélago após a retomada de sua soberania.

Como o Japão foi derrotado por um conjunto de países, pelos Aliados, a ocupação do território também deveria ser executada por todos. Apesar de liderarem o grupo, os Estados Unidos sistematizaram os rumos da ocupação por meio de comunicados e documentos públicos. Essas diretivas sinalizam a preponderância norte-americana sobre os demais, e, apesar de os Estados Unidos criarem limitações em sua atuação, o Comandante Supremo, o General Douglas MacArthur, conseguia aplicar os interesses nacionais sempre que possível.

A ocupação pelos Aliados foi liderada pelos Estados Unidos desde antes do fim do conflito. Antes mesmo de o

Japão assinar a rendição formal no dia 21 de agosto de 1945, os Estados Unidos sugeriram aos Aliados a criação de um órgão consultivo que foi nomeado "Comissão Consultiva do Extremo Oriente" (*Far Eastern Advisory Commision*), cujo caráter não seria vinculante, ou seja, não teria força para impor medidas. Apenas daria recomendações em relação aos passos necessários para garantir o cumprimento total do acordado no instrumento de rendição. O único aliado que não aceitou a proposta foi a União Soviética, alegando que tal comissão seria apenas consultiva.

O General norte-americano Douglas MacArthur, anunciado pelo Presidente Harry Truman como Comandante Supremo das Forças Aliadas no Pacífico (SCAP) no dia 14 de agosto de 1945, foi o responsável pela execução das políticas aplicadas ao Japão, às vezes, independente de Washington, por possuir divergências com Truman em certos aspectos. Truman tinha dúvidas sobre sua própria capacidade de formulação de política externa, principalmente ao Pacífico. Assim, apesar das opiniões políticas divergentes, o Presidente apoiava as decisões de MacArthur (MOORE; ROBINSON, 2002, p. 6). Como Comandante Supremo dos Aliados, a missão de MacArthur era implementar a política estadunidense conforme a Declaração de Potsdam e as ordens de Washington. O Quartel General (GHQ) dos Aliados inicialmente foi estabelecido em Yokohama, passando pela Embaixada dos Estados Unidos em Tóquio, e finalmente em dois de dezembro, instalou-se definitivamente no prédio *Dai Ichi Sougo* no centro de Tóquio.

A União Soviética e o Reino Unido buscavam intervir na ocupação e assisti-la sempre que possível, apesar de a União Soviética ter aceitado a nomeação de um General estadunidense para comandar as Forças Aliadas. MacArthur sempre refutou influências externas, mantendo total controle estadunidense sobre o Japão, principalmente porque a União Soviética procurava restabelecer seu império sobre a região de Hokkaido, confrontando a influência norte-americana na região. Em sua obra, o General Douglas MacArthur explica:

> Os russos começaram a causar problemas desde o início. Eles pediram que suas tropas ocupassem Hokkaido, a ilha ao norte do Japão, e ainda, dividir o país em dois. As suas Forças não estariam sob o comando do Comandante Supremo, sendo totalmente independentes. Eu recusei. [...] Ele prosseguiu e afirmou que as Forças Russas iriam entrar com ou sem minha aprovação. Eu respondi afirmando que se um único soldado soviético entrasse no Japão sem minha autorização, eu colocaria de uma vez toda a missão russa, incluindo ele mesmo, na prisão. (MACARTHUR, 1964)

Mais tarde, os britânicos e soviéticos intensificaram suas pressões para acabar com o poder unilateral exercido pelos Estados Unidos durante a ocupação. Eles insistiam que o Japão deveria ser dividido em zonas, como a Alemanha. O General MacArthur recusava dividir a ocupação, afirmando que a divisão da Alemanha havia sido um grande erro, e que os Estados Unidos estavam bancando 75% da ocupação, e que nenhum desses dois poderes forneceu tropas para lutar no pacífico quando os EUA precisavam (MACARTHUR, 1964). Com exceção de uma limitada área controlada pela Força de Ocupação da Comunidade Britânica (*British Commonwealth Occupation Force*) e das Ilhas Kurilas (ao norte do Japão) tomadas pela União Soviética, o Japão ficou totalmente sob domínio estadunidense.

Truman, o Departamento de Estado e MacArthur eram contra o fato de dar à União Soviética ou a um aliado poderoso uma chance de palpitar no que eles insistiam dizer que era um show norte-americano. Mais tarde Truman escreveu: "Eu estava certo de que a ocupação japonesa não deveria seguir os passos da experiência alemã. Eu não queria um controle dividido e nem zonas separadas." (TAKEMAE, 2002, p. 96)

Apesar de Washington crer que o poder de MacArthur era ilimitado enquanto Comandante Supremo, na verdade, a Ocupação deveria seguir a Declaração de Potsdam, sob o comando dos Aliados. A União Soviética estava descontente com a dominação dos Estados Unidos e propôs a criação de um Órgão de Controle dos Aliados em Tóquio, com poder de veto para cada membro. Essa ideia não foi aceita por Washington, que propôs outro órgão.

Com a falta de mecanismos na Comissão Consultiva para o Extremo Oriente, a pressão dos Aliados crescia sobre os Estados Unidos, principalmente a União Soviética, que nem havia aderido à Comissão Consultiva (TAKEMAE, 2002, p. 97). Os Estados Unidos, então, decidiram substituir a Comissão Consultiva pela Comissão para o Extremo Oriente (CEO) *(Far Eastern Commission)*, dotada formalmente de autoridade. Assim, em 27 de dezembro de 1945, representantes dos EUA, da URSS, da China e do Reino Unido se reuniram em Moscou para formar a Comissão para o Extremo Oriente. Também foi criado um órgão consultivo

(*Allied Council for Japan*) com quatro membros[1] para dar suporte a MacArthur e aconselhá-lo.

A Comissão para o Extremo Oriente (CEO), formada originalmente por 11 países, reuniu-se pela primeira vez em 26 de fevereiro de 1946 na embaixada do Japão em Washington. A missão da CEO era formular políticas para implementar os termos de Potsdam e revisar as ações do SCAP. A CEO não teve muito poder perante os Estados Unidos. Cada membro tinha poder de veto, entretanto, Washington conseguia burlar a Comissão facilmente por meio da emissão de diretivas de emergência para assuntos não deliberados pela Comissão. Isso foi usado para defender as prerrogativas dos Estados Unidos (TAKEMAE, 2002). Havia, entretanto, casos em que as diretivas de urgência não poderiam ser emitidas. Seriam nos casos de mudanças fundamentais na estrutura constitucional do Japão, no regime, ou uma mudança no governo japonês. Essas questões exigiam o consentimento da CEO.

No tocante à execução de decisões políticas da Comissão para Extremo Oriente sobre questões relacionadas a mudanças de regime, mudanças fundamentais na estrutura constitucional do Japão e mudanças no governo japonês como um todo, se um membro do Conselho discordar com o Comandante Supremo (ou seu delegado), o Comandante Supremo irá reter a execução de ordens dessa questão, ficando pendente um acordo

---

[1] Os membros seriam: o Comandante Supremo (MacArthur ou um delegado) representando os Estados Unidos, um representante da União Soviética, um representante da Grã-Bretanha (e Austrália, Nova Zelândia e Índia) e um representante da China.

na Comissão para o Extremo Oriente. (U.S. DEPARTMENT OF STATE)

Durante a Ocupação, MacArthur recebeu mais de 100 diretivas, sendo metade vinda de Washington e a outra metade, da Comissão para o Extremo Oriente. A CEO nunca foi capaz de desafiar a autoridade de Washington ou do General MacArthur (TAKEMAE, 2002, p. 99), tendo se tornado um fórum de reclamação de debate sobre o abuso dos poderes executivos pelo General. Outro fator que impediu que a CEO tivesse sucesso foi a sua criação tardia. No momento da primeira reunião em 26 de fevereiro de 1946, MacArthur já havia começado a realizar as principais reformas, incluindo a constitucional, que não passara pela deliberação da CEO.

No desfecho, essa comissão não passou de um fórum para debates, após MacArthur acusar: "A causa básica [dessa Comissão] é a completa frustração do esforço soviético de absorver o Japão para dentro de sua órbita de ideologia comunista" (MACARTHUR, 1964, p. 335). Com o final da ocupação, a tal Comissão para o Extremo Oriente acabou-se igualmente, fazendo dos EUA o grande executor da Ocupação do Japão.

No dia 29 de agosto de 1945, o governo dos Estados Unidos tornou público um documento nomeado "Política Inicial Pós-Rendição dos Estados Unidos para o Japão" (*United States Initial Post-Surrender Policy for Japan*). Nele, o governo dos Estados Unidos informa a ocupação militar e os principais objetivos: 1) Garantir que o Japão não irá se transformar novamente em uma ameaça aos Estados Unidos e à paz e segurança do mundo; 2) Estabelecer um governo pacífico e responsável que respeite os direitos de outros Estados e que irá apoiar os objetivos dos Estados Unidos de acordo com os ideais e princípios da Carta das Nações Unidas (e desejavelmente democrático). No mesmo documento, o governo norte-americano afirma que não é da competência dos Aliados a imposição de uma forma de governo não apoiada pelo povo.

Nesse documento aparecem as formas pelas quais os Estados Unidos buscariam atingir seus objetivos: limitar a soberania japonesa a suas principais ilhas (Honshu, Hokkaido, Kyushu, Shikoku e outras ilhotas a serem determinadas); desmilitarizar o país; incentivar as liberdades individuais; e dar a oportunidade para o povo desenvolver uma economia que atenda a seus anseios.

Assim, sob o comando de MacArthur e sob as diretivas emitidas pelo governo norte-americano, iniciava-se a Ocupação dos Aliados. Ressalta-se que o governo japonês não foi dissolvido, sendo um instrumento facilitador da ocupação, conforme previa a Política Inicial Pós-Rendição.

> A autoridade do Imperador e do governo japonês estará sujeita ao Comandante Supremo, quem irá possuir todos os poderes necessários para efetuar os termos de rendição e realizar as políticas estabelecidas para a condução da ocupação e do controle do Japão.
>
> [...] O Comandante Supremo irá exercer sua autoridade por meio da máquina governamental japonesa e suas agências, incluindo o Imperador, a fim de cumprir satisfatoriamente com os objetivos dos Estados Unidos. O governo japonês será permitido, sob estas condições, a exercer os poderes normais de governo em assuntos da administração doméstica. (DEPARTAMENTO DE ESTADO DOS ESTADOS UNIDOS)

O IMPERADOR HIROHITO

No início da ocupação, os Estados Unidos se depararam com um problema que não havia sido discutido previamente com nenhum dos Aliados. De acordo com a Política Inicial Pós-Rendição, o governo japonês e o Imperador deveriam estar à disposição do Comandante Supremo para que os objetivos dos Estados Unidos fossem concluídos. A Política Inicial informava também que os criminosos de guerra seriam identificados, julgados e punidos. E caso algum outro Aliado requisitasse algum criminoso japonês por ofensa a seus nacionais, se este não estivesse em vias de julgamento ou não fosse testemunha, seria entregue a custódia do Estado requerente.

Havia a grande questão: o Imperador deveria ou não ser encarado como um criminoso de guerra? Os Estados Unidos não conseguiram chegar a um consenso interno. O presidente Truman e o General Douglas MacArthur enfrentaram fortes oposições em relação ao Imperador. Tais oposições vieram de fora (de outros Aliados) e de dentro (de setores internos). Externamente, nenhum aliado foi capaz de forçar uma política contra as vontades de Washington, entretanto, internamente, o governo não conseguia chegar a um consenso fácil. A superpotência não sabia como agir e tomou sua decisão a partir das consequências que a decisão contrária poderia gerar. Além disso, e mais importante, a manutenção do Imperador foi a maior demonstração de autonomia dos Estados Unidos perante os Aliados na ocupação. Quase todos os Aliados exigiam o julgamento do Imperador, principalmente a China, a Austrália e a Nova Zelândia, que pediam que os Estados Unidos entregassem Hirohito (SUGITA, 2003).

Um dia depois de Truman assinar a Política Inicial, em 7 de setembro, Hugh Borton, Robert Fearey e George Blakeslee, especialistas do Departamento de Estado dos Estados Unidos, enviaram ao Subcomitê do Extremo Oriente (órgão pertencente ao *State-War-Navy Coordinating Committee*[2]) uma diretiva relativa ao tratamento do Imperador. O princípio dela era continuar com as políticas de Potsdam, mas com uma monarquia reformada apoiada pelo povo: Hirohito poderia ficar no trono e ser imune ao julgamento; o General MacArthur deveria buscar conselhos do *Joint Chief of Staff* (Comitê dos Chefes do Estado-Maior) antes de tomar qualquer ação punitiva ao Imperador.

Os membros do Departamento de Guerra e da Marinha dentro do Subcomitê criticaram a diretiva, afirmando que a política dos Estados Unidos era de punir criminosos de guerra, uma vez que o país não havia feito nenhum comprometimento ao Japão em relação à manutenção do Imperador, além disso, a opinião pública norte-americana exigia a punição. A posição deles foi fortalecida pela resolução do Congresso do dia 25 de setembro que declarou que a política dos Estados Unidos era de julgar Hirohito como um criminoso de guerra (MOORE; ROBINSON, 2002, p. 37). Borton e Fearey responderam e afirmaram que os japoneses acreditavam que os Estados Unidos não acabariam com a monarquia, e que julgar o Imperador poderia impossibilitar os objetivos dos EUA na ocupação do Japão (MOORE; ROBINSON, 2002, p. 38).

---

2   *State-War-Navy Coordinating Committee* – Comitê do governo norte--americano criado ao final de 1944 para cuidar de assuntos militares referentes aos países do Eixo.

O Imperador, no primeiro encontro com MacArthur, em 27 de setembro de 1945, responsabilizou-se por qualquer ato que tivesse levado o país à guerra: "Venho a V.S.a, General MacArthur, oferecer-me ao julgamento dos poderes que representa como o único a assumir a responsabilidade exclusiva por todas as decisões políticas e militares e por ações tomadas pelo meu povo na condução da guerra" (HIROHITO apud MACARTHUR, 1964, p. 330). Tendo o imperador assumido a responsabilidade pelas políticas que levaram o país à guerra, e sabendo que não havia poder superior a ele, a possibilidade de julgamento seguido de execução era alta.

No mês seguinte, o Subcomitê do Extremo Oriente (órgão interno dos Estados Unidos) recomendou que Hirohito somente poderia ser poupado das acusações caso se mostrasse disposto a aceitar a democracia, estando disposto a alterar completamente a instituição imperial para deixá-la em uma posição de desuso (SUGITA, 2003, p. 12). A Constituição da Era Meiji, que afirmava que o Imperador era o único soberano do país, levou o país ao caos da guerra, pois o povo não tinha poderes para decidir os rumos (COONEY, 2006). Em 30 de novembro, os *Joint Chiefs* enviaram um documento a MacArthur afirmando que o Imperador não era imune à prisão, ao julgamento e nem à punição, e que seu julgamento deveria ser analisado posteriormente, quando a ocupação pudesse continuar sem o Imperador. Nesse ponto, somente MacArthur poderia decidir quando seria esse tempo, e se realmente esse tempo chegaria.

Sendo autorizado a julgar o Imperador, MacArthur negou-se a fazê-lo, além de ter ignorado qualquer pressão vinda dos Estados Unidos e de outras potências e Estados asiáticos, principalmente da União Soviética que exigia o julgamento. Como consequência da falta de consenso interno, os Estados Unidos não conseguiram enviar uma lista de criminosos de guerra para a Comissão de Crimes de Guerra das Nações Unidas, fazendo o secretário desta afirmar que os EUA eram responsáveis pela ausência de grandes criminosos de guerra (SUGITA, 2003, p. 10).

Para evitar qualquer crítica interna, MacArthur tentou fazer do Imperador uma ferramenta útil e que mostrasse eficiência aos objetivos da ocupação. Assim, MacArthur sugeriu ao Imperador que renegasse sua divindade em público, o que foi feito no dia 1º de Janeiro de 1946, com a finalidade de diminuir as pressões externas. Ainda em novembro de 1945, MacArthur foi solicitado a coletar informações que provassem o envolvimento de Hirohito na guerra. Em seu relatório final, em janeiro de 1946, MacArthur concluiu que não havia evidências específicas e tangíveis, e ainda avisou que o indiciamento do imperador iria inquestionavelmente causar uma grande turbulência entre os japoneses, e pelo menos um milhão de soldados seriam necessários para contê-los, por tempo indefinido. Enfim, apesar da unanimidade entre os japoneses em colocar o Imperador acima de qualquer crítica parecer postiça aos americanos, não havia dúvida de que se tratava da voz do Japão, mesmo na derrota (BENEDICT, 2007, p. 35).

O Imperador e a Sociedade Japonesa

A decisão tomada por MacArthur de não julgar o Imperador foi uma demonstração de autonomia dos Estados Unidos durante a ocupação, em oposição a outros Aliados. Contudo, demonstrou que a ocupação não poderia ser executada totalmente sob as regras "hegemônicas" dos Estados

Unidos. Na realidade, a própria sociedade japonesa ditou a regra que os Estados Unidos deveriam seguir. Não houve escolha e nem hegemonia. Segundo suas memórias, MacArthur tomou uma decisão a partir das consequências que a decisão contrária poderia gerar. O fato apresentado por ele é que os norte-americanos estavam cientes que a manutenção do Imperador era uma condição para o sucesso da ocupação, visto que a primeira tentativa de rendição do Japão tinha apenas uma única ressalva em relação à Declaração de Potsdam: a manutenção e a integridade do Imperador.

Em 1964, o General Douglas MacArthur publicou um livro com suas memórias, em que relata exatamente o momento em que sofria pressões para julgar o Imperador. Nele, é clara a percepção do militar em torno da sociedade japonesa, conforme a cultura que estava sendo estudada pela Antropologia norte-americana.

Na década de 1940, a antropóloga norte-americana Ruth Benedict realizou um estudo sobre a cultura japonesa a fim de esclarecer fatos que eram incompreensíveis aos norte-americanos. Ruth Benedict nunca fora ao Japão, mas sua obra "O Crisântemo e a Espada" foi tida como referência para entender "o outro" no período da guerra. A obra faz referência à grande diferença cultural e social entre os norte-americanos e japoneses, citando a importância social que o Imperador possuía para os japoneses. A Segunda Guerra Mundial não era apenas uma guerra: era necessário para os Estados Unidos entender os japoneses para que pudessem combatê-los.

> Os japoneses foram os inimigos mais hostis jamais enfrentados pelos Estados Unidos numa guerra total. Em nenhuma outra guerra travada contra um adversário poderoso fora

> necessário levar em consideração hábitos tão
> extremadamente diversos de agir e pensar.
> [...] A guerra no Pacífico constituiu-se, por
> isso mesmo, em algo mais do que uma série
> de desembarques em praias de ilhas, em algo
> mais do que o insuperado problema de logística. Transformou-se antes de mais nada num
> problema concernente à própria natureza do
> inimigo. (BENEDICT, 2007, p. 10)

A questão do Imperador entra nesse vácuo cultural entre os dois povos. Entre os prisioneiros japoneses durante a Segunda Guerra, dois tipos de opiniões eram por eles expressados: a autoridade do Imperador ("O Imperador conduziu o povo à guerra e meu dever era obedecer") e a refuta do Imperador em relação à guerra ("A guerra teve início sem o conhecimento ou permissão do Imperador. O Imperador não gosta de guerra e não teria permitido que seu povo nela fosse arrastado. Ele não sabe o quanto seus soldados são maltratados.") (BENEDICT, p. 34). Apesar de serem ideias divergentes, mostram a superioridade do Imperador sobre seu povo, primeiro sendo autoritário e absoluto, e no outro, sendo pacífico, cuja culpa pela guerra é inexistente.

> Entretanto, para eles, o Imperador era inseparável do Japão. "Um Japão sem o Imperador não é Japão." "O Japão sem imperador não pode ser imaginado." "O Imperador japonês é símbolo do povo japonês, o centro de sua vida religiosa. É um objeto super-religioso."
> Nem tampouco seria culpado pela derrota, se o Japão perdesse a guerra. "O povo não considera o Imperador responsável pela guerra."

"Em caso de derrota, o ministério e os líderes militares é que levariam a culpa, e não o imperador." "Mesmo se o Japão perdesse a guerra, dez entre dez japoneses ainda reverenciariam o Imperador." (BENEDICT, 2007, p. 34)

Na mitologia japonesa, a lenda sobre a criação do Japão, mostra claramente a importância que o Imperador do Japão possui à sociedade, sendo descendente direto da Deusa do Sol, a Deusa Amaterasu. Hirohito, no caso, seria o 124º Imperador na sucessão.

Enfim, Hirohito era considerado a base da sociedade japonesa, de maioria camponesa, que desde cedo era educada a partir da lenda da origem divina do Imperador e do povo nipônico. No que se refere à ocupação, um simples julgamento de Hirohito, seguido de execução, levaria o país ao caos social. Todas as crenças e lendas sobre a origem do Japão e de seu povo seriam negadas de forma radical, não dando tempo a nenhuma adaptação da sociedade. Em outubro de 1945, o General estadunidense Bonner Fellers analisou a situação do imperador e do povo japonês e concluiu:

> o enforcamento do imperador seria comparável à crucificação de Cristo para nós. [...] Eles não possuem um Deus. O imperador é o símbolo vivo da raça, sobre o qual se encontram as virtudes de seus ancestrais. Ele é a encarnação do espírito nacional, incapaz de cometer enganos. A lealdade a ele é absoluta. [...] O imperador pode ser uma força para o bem e para a paz. (FELLERS apud SUGITA, 2003, p. 12)

Sem a cooperação do povo é difícil para a ocupação chegar ao sucesso. Rebeliões, guerrilhas, atentados etc., seriam esperados caso o Imperador fosse julgado como criminoso de guerra. MacArthur explica em suas memórias: "Eu achava que se o Imperador fosse acusado, e talvez, enforcado como um criminoso de guerra, um governo militar deveria ser instituído por todo o país, e provavelmente, um movimento de guerrilha iria estourar." (MACARTHUR, 1964, p. 330). MacArthur utilizou o imperador para facilitar a ocupação.

Diferentemente da Alemanha, o Japão possuía vínculos naturais com o então governante (origem divina), logo, os Estados Unidos não poderiam aplicar suas políticas de "julgar criminosos de guerra", conforme visto em debates. MacArthur sabia exatamente os riscos, e mesmo sob pressão nacional e internacional, defendia a imunidade do Imperador, mesmo que este tenha assumido responsabilidade pelo caminho percorrido pelo Império nipônico.

> A administração do Japão por parte do General MacArthur é, portanto, de todo diferente da[quelas] da Alemanha ou [da] Itália. É exclusivamente uma organização de comando, utilizando o funcionalismo japonês, do topo à base. Dirige seus comunicados ao Governo Imperial Japonês e não ao povo japonês ou aos residentes de alguma cidade ou província. (BENEDICT, 2007, p. 250)

Em 1946, George Kennan, diplomata norte-americano, enviou uma mensagem a Washington, conhecido como "o longo telegrama", alegando que Moscou buscava expandir a lugares onde houvesse vácuos de poder. Uma desordem interna no país que visasse a anarquia geraria vácuos de poder na sociedade japonesa, fazendo com que MacArthur e Truman perdessem espaço como governantes nacionais, abrindo espaços para uma possível invasão da URSS, cuja declaração de guerra contra o Japão estava planejada para ocorrer no dia 8 de agosto de 1945.

UMA NOVA CONSTITUIÇÃO AO JAPÃO

Conforme já mencionado, a Declaração de Potsdam carregava os interesses dos Aliados, em especial dos EUA. Entre eles, estava o fim do Japão imperialista, garantindo que esse Estado não iria mais apresentar ameaças. Uma nova Constituição que entregasse o poder ao povo amenizaria bastante essa possibilidade, se analisarmos a partir da Teoria da Paz Democrática ("Democracias são menos propensas à guerra contra outras democracias"). No momento em que o Japão aceitou os termos da Declaração de Potsdam, já estava claro que a Constituição seria revisada (YOSHIDA, 1961).

Inicialmente, Washington e MacArthur não tinham a intenção de substituir a Constituição da Era Meiji. Eles esperavam que o próprio governo japonês democratizasse o documento existente. A Convenção de Haia de 1907 proibia a mudança de estrutura política em um território ocupado. Além da Convenção de Haia, a Carta do Atlântico de 1941 (entre os Estados Unidos e a Grã-Bretanha) dava o direito de autodeterminação a todos os povos. Qualquer mudança unilateral na Constituição do Japão deixaria os Estados Unidos e o General Douglas MacArthur abertos a acusações de violação do Direito Internacional (TAKEMAE, 2002, p. 272).

A Constituição da Era Meiji, promulgada em 1889, era vista como a responsável por levar o país à guerra, pois o Imperador era o tomador de decisões, que podiam ser delegadas a poucos, e a população não tinha participação efetiva na política, apesar de, desde a Era Meiji, existir a Dieta (Parlamento). MacArthur acreditava que o Japão era uma ditadura hereditária, e as pessoas existiam para servir a ela. A população não tinha direitos básicos, sendo eles escritos ou não escritos.

Ainda no início da Ocupação, o General Douglas MacArthur acreditava que o primeiro passo para efetuar grandes mudanças no Japão seria a mudança da Constituição. Para ele, a situação política do Japão estava desesperadora.

> Antes que pudéssemos fazer algo ao sistema de governo do Japão, deveriam ser realizadas algumas mudanças na lei fundamental da terra, a Constituição. A situação política do Japão estava desesperadora. A velha Constituição da Era Meiji havia sido tão deformada em sua interpretação, e desaprovada na opinião pública por causa dos resultados da guerra, que uma nova Carta era imediatamente imprescindível, se quisessem a manutenção de uma estrutura de auto-governança do Japão. (MACARTHUR, 1964, p. 342)

MacArthur acreditava que havia duas formas de formar um governo no Japão: um governo militar estrangeiro ou um governo civil autônomo. As nações Aliadas pressionavam para a criação de um governo militar estrangeiro, juntamente com outros conceitos designados a fraturar a nação japonesa (MACARTHUR, 1964). Não seria difícil propor um novo documento constitucional ao povo japonês, pois teriam direitos que nunca tinham imaginado antes. "O fato de que a eles foi dado algo que nunca tinham vivenciado antes faria com que a criação e a aceitação de uma nova Constituição fossem mais fáceis do que poderiam ter sido em outro caso." (MACARTHUR, 1964).

Para não haver nenhuma acusação de ilícito internacional sobre os Estados Unidos ou sobre o General MacArthur, a nova Constituição, inicialmente, deveria ser feita pelo próprio povo japonês. O General acreditava que um regime democrático deveria existir no Japão, contudo, não exigiu que a nova Constituição fosse escrita por sua equipe. Ele defendia que o novo documento deveria ser criado sem influências externas. Nas palavras do General MacArthur: "Eu não tentei impor uma versão norte-americana da Constituição japonesa e nem ordenei para que a adotassem. A revisão deveria ser feita pelos próprios japoneses e deveria ser feito sem coerção." (MACARTHUR, 1964).

Em 13 de outubro de 1945, o próprio Primeiro Ministro japonês, Shidehara Kijuro, criou uma equipe especial para revisar a Constituição. Ela foi denominada "Comitê de Investigação de Problemas Constitucionais" (*Constitutional Problem Investigating Committee*), cujos membros eram líderes políticos sob a liderança de Matsumoto Jouji, o ministro responsável. A escolha do comitê se deu pelo fato de seus membros serem professores de Direito Constitucional das principais universidades imperiais, entretanto, Matsumoto nunca havia trabalhado nessa área. Sua especialidade era o Direito Comercial, mas entrou no grupo por insistência de Yoshida (KOSEKI, 1997).

Segundo o General MacArthur, as sugestões vinham do povo por meio de cartas, editoriais e telefonemas. Não havia mais censura. "O povo discutia e debatia sobre a nova Constituição em cada esquina, em todos os jornais, e em cada casa. [...] Todos tinham suas ideias do que deveria constar no novo documento e não perdiam tempo para apresentá-las." (MACARTHUR, 1964). Nesse momento, aparentemente, não houve interferências de estrangeiros. Apenas os japoneses revisavam a Constituição.

Por outro lado, Yoshida Shigeru, importante diplomata japonês que fazia parte do Comitê, afirma em suas memórias que objetivo do Comitê era não implementar mais mudanças que o necessário. No dia 8 de dezembro, Matsumoto divulgou ao Comitê os quatro princípios de revisão constitucional: 1) nenhuma mudança deveria ser feita no princípio de soberania do Imperador; 2) os poderes da Dieta (Parlamento) deveriam ser ampliados e algumas restrições deveriam ser aplicadas ao poder imperial; 3) os ministros de Estado deveriam se reportar diretamente à Dieta, e não ao Imperador; 4) as liberdades e os direitos deveriam ter mais proteção. Em suma, o governo japonês queria atender aos requisitos de Potsdam com a democratização do Japão, mas sem mudar os princípios fundamentais de governança nacional da Constituição Meiji (YOSHIDA, 1961).

Conforme será visto adiante, Yoshida foi um dos políticos mais influentes no período pós-Guerra, apoiando e defendendo a nova Constituição. Sua opinião em relação à revisão constitucional, inicialmente, era que a Constituição da Era Meiji já era fundamentalmente democrática, e dava bases para o governo do povo, pelo povo e para o povo. Somente uma pequena revisão seria necessária para dar garantias contra abusos de militares como o ocorrido no recente passado (DOWER, 1988).

Em janeiro de 1946, o novo rascunho da Constituição foi apresentado ao General MacArthur. Contudo, não havia grandes mudanças do documento da Era Meiji. O Imperador continuava no seu cargo, mas com uma diferença. Na Constituição Meiji, o Imperador era "sagrado e inviolável". Na versão apresentada, conhecida como "Rascunho Matsumoto", o Imperador apareceu como "supremo e inviolável". Ao invés de incluir direitos ao povo, a nova versão nem citava alguns já existentes. Algumas normas constitucionais eram de eficácia limitada, exigindo uma lei posterior.

MacArthur acreditava que o rascunho feito pelos japoneses não respeitava a Declaração de Potsdam e não havia mudanças significativas em relação ao antigo regime, talvez, fosse até pior (MARCARTHUR, 1964). Assim, o General MacArthur decidiu selecionar alguns membros de sua equipe para assistir e dar sugestões ao comitê japonês para a criação de uma Constituição aceitável. O General Courtney Whitney foi o responsável pela nova versão da Constituição. MacArthur tinha três itens não negociáveis que deveriam constar no modelo (*Three Basic Points*): 1) O Imperador seria o chefe de Estado, mas o poder seria do povo; 2) O Japão deveria renunciar à guerra, mesmo por sua própria segurança; 3) Abolição do sistema feudal (TAKEMAE, 2002).

Nesse período, Yoshida Shigeru era o ministro de assuntos estrangeiros. No dia 13 de fevereiro, ele recebeu em sua residência oficial a delegação de Whitney. Eles entregaram um rascunho e pediram que Yoshida e o Comitê criassem uma Constituição baseada nesse esboço. Informaram também que uma versão parecida deixaria os Estados Unidos e a

Comissão para o Extremo Oriente satisfeitos, e que o General MacArthur havia dado uma atenção especial ao Imperador, que estaria mais seguro no modelo proposto por eles. Ainda, Whitney alertou que "se isso não fosse feito, o GHQ (Quartel General) não poderia responder pelo que poderia acontecer ao Imperador." (YOSHIDA, 1961). Yoshida ainda explica, em suas memórias, que não foi uma ordem.

Nesse rascunho feito pela equipe de MacArthur, apareceu pela primeira vez a matéria contida no Artigo 1º, que redefiniu o papel do imperador como "um símbolo do Estado". Além disso, a Constituição iniciava com "nós, o povo japonês". Eram grandes mudanças, e o governo japonês não estava pronto para elas (YOSHIDA, 1961). Em suas memórias, Yoshida afirma que, dentro do comitê, havia dois ou três totalmente opostos à adoção do modelo proposto. Nenhum nome é citado. Entretanto, o historiador norte-americano John Dower (1988) afirma que Yoshida estava entre eles, apoiando a posição mais conservadora. Para os oficiais norte-americanos, Yoshida era o maior defensor do Rascunho Matsumoto, e estava menos disposto a ceder em relação ao poder Imperial que o próprio Imperador. Yoshida e Matsumoto defendiam essa versão do documento, enquanto Shidehara escolhia uma posição mais conciliatória. As reivindicações somente terminaram quando o Imperador aceitou o novo rascunho feito sob o modelo proposto por MacArthur. Alguns meses depois, Yoshida percebeu que o seu futuro e o do Imperador estariam garantidos pela nova Constituição feita em cima do modelo de MacArthur (DOWER, 1988).

O Primeiro Ministro Shidehara chegou a conversar pessoalmente com o General Douglas MacArthur sobre o modelo proposto. Na conversa, MacArthur informou que o bem estar e a segurança do Imperador eram as suas principais preocupações. Ele destacou que, na Comissão para o Extremo Oriente, o Japão ainda era visto com desconfiança, principalmente pela União Soviética e pela Austrália. MacArthur informou que o propósito da revisão constitucional sob o modelo indicado por ele era resguardar o Imperador das possíveis reformas drásticas que poderia impor a Comissão para o Extremo Oriente. Além disso, MacArthur informou que os dois principais pontos a serem enfatizados eram os artigos que definiam o Imperador como um símbolo do país e o artigo em que o país renuncia à guerra (YOSHIDA, 1961).

A preocupação do General MacArthur era que a Comissão para o Extremo Oriente tivesse tempo para criar as normas a serem seguidas na primeira reunião marcada para o fim de fevereiro, pois esta seria uma decisão reservada à CEO. Assim, Yoshida, já após o fim da ocupação, afirmou que os Estados Unidos, durante aquele momento do debate em torno da reforma, queriam uma revisão rápida da Constituição para proteger o Imperador. Ele confiava na sinceridade de MacArthur quando falava que queria proteger o trono (YOSHIDA, 1961).

No mesmo dia em que o Primeiro-Ministro Shidehara se encontrou com MacArthur, a nova Constituição do Japão começou a ser escrita. No dia 4 de março uma nova Constituição foi enviada ao Quartel General no idioma japonês, pois não havia tempo para a versão para o inglês. Assim, no dia 5 de março, uma delegação contendo experts japoneses e norte-americanos apresentou a versão final, cujo resumo foi publicado no dia seguinte. O formato final foi mostrado ao Imperador, que aprovou sem objeções. Para MacArthur, foi um ato inesperado, pois esta nova Constituição tiraria os seus poderes (MACARTHUR, 1967).

O General MacArthur desejava que a nova Constituição fosse aprovada pela população nas eleições de 10 de abril de 1946. O novo documento continha os seguintes artigos (Artigo 1º e 9º), originalmente em língua inglesa:

Artigo 1º
O Imperador será o símbolo do Estado e da unidade do povo, derivando de sua posição a vontade do povo em quem reside a vontade soberana.

Artigo 9º
Sinceramente aspirantes a uma paz internacional baseada na justiça e na ordem, o povo do Japão renuncia *para sempre* a guerra como um direito soberano da Nação e a ameaça ou uso da força como meio de resolução dos litígios internacionais.
A fim de concretizar o objetivo do parágrafo precedente, as forças terrestres, marítimas e aéreas, bem como qualquer outro potencial de guerra, *nunca* serão mantidas. O direito de beligerância do Estado não será reconhecido.

No Artigo 1º, o Imperador é tido como o símbolo do Estado apenas, perdendo a sua divindade que era dada pela Constituição Meiji. Já no artigo 9º, o povo abdica seu direito à beligerância, além de as Forças Armadas serem banidas para sempre. Os detalhes em relação aos efeitos do Artigo 9º serão vistos no próximo ponto.

As eleições foram realizadas no dia 10 de abril de 1946. Novas regras eleitorais criaram mais de 23 milhões novos eleitores, que se uniu ao montante existente de 14 milhões. As mulheres ganharam o direito de votar, e os comunistas também. No dia 21 de maio, Yoshida Shigeru tornou-se o Primeiro Ministro do Japão, com a responsabilidade de continuar com a revisão constitucional durante os primeiros meses de seu mandato. Aparentemente, Yoshida havia mudado de ideia em relação à nova Constituição quando assumiu o poder. Após assumir o cargo, sua opinião mudou completamente: a nova Constituição era necessária para o Japão se reinserir no sistema internacional.

No dia 25 de junho de 1946, a lei que garantiria a revisão foi enviada à Câmara dos Representantes. Os membros da Dieta questionaram o Primeiro Ministro sobre as mudanças do sistema imperial japonês e sobre a cláusula de renúncia à guerra. Yoshida respondeu que havia uma noção dos japoneses de que a Constituição Meiji era imutável, mas o espírito da lei havia sido distorcido com o tempo, levando o país à calamidade. Além disso, ele afirmou que de acordo com a Declaração de Potsdam, a Constituição Meiji foi considerada inadequada para o país. E então, Yoshida conclui:

> Para deixar o Japão preservar seu sistema de governo tradicional e a felicidade e o bem-estar do seu povo, apesar do desastre da guerra, era necessário remover todos os mal-entendidos entre as outras nações do mundo, para as quais a estrutura nacional japonesa em sua forma tradicional representa ameaça à paz mundial. E que para conseguir isso, é muito importante que aceitemos a nova constituição com ênfase na democracia e no pacifismo (YOSHIDA, 1961).

Enfim, após trâmites legislativos, a lei foi aprovada e a Constituição entrou em vigor no dia 3 de maio de 1947. Diante dessa nova ordem, os políticos japoneses não tentaram restaurar os poderes do imperador. O imperador havia falhado na sua tarefa mais importante: conduzir o Exército, a Marinha, o governo e, assim, fazer o sistema funcionar (BIX, 2000, p. 575). Os políticos não queriam que retornasse o sistema pré-guerra, no qual nem mesmo os partidos políticos conservadores tinham o poder para exercer o poder do Estado (BIX, 2000, p. 575). O novo documento ficou conhecido como Constituição da Paz, ou Constituição de 1947, e teve papel central na política externa do Japão ao longo do século XX.

O enigmático Artigo 9º

O principal motivo para a Constituição ter impacto nas relações internacionais do país se dá pela existência do Artigo 9º que, conforme visto anteriormente, de forma geral, proíbe o país de possuir Forças Armadas, renuncia o direito à guerra, impedindo ao país participar de ações de defesa coletiva.[3] Ao longo dos anos, entretanto, pode-se verificar que as interpretações em torno do que é permitido ou proibido mudaram drasticamente, de acordo com o governo. Para se ter uma noção, em 2014, sob a mesma Constituição, o governo de Abe Shinzo, adquiriu uma nova interpretação que autoriza a defesa coletiva, sem ferir a ordem constitucional.

---

3 A proibição em criar suas Forças Armadas, a renúncia à guerra e a proibição de defesa coletiva (defender um terceiro) fazem com que a literatura especializada refira-se ao Japão como um Estado não normal (ou anormal) nas relações internacionais.

Os pontos abordados neste momento são: a origem do Artigo 9º e a interpretação que o governo construiu ao aceitá-la como lei maior. Há, na literatura especializada, grandes debates em torno da origem desse artigo. Alguns autores buscaram descobrir como a cláusula "antiguerra" surgiu nos rascunhos de MacArthur. Apesar de os Três Princípios de MacArthur apresentarem a renúncia à guerra, não há, contudo, fontes seguras em relação à criação deste artigo. O cientista político norte-americano Kevin Cooney (2006) afirma que o Artigo 9º apareceu no primeiro modelo apresentado pela equipe de MacArthur.

Há indícios que o então Primeiro Ministro, Shidehara, foi o responsável pela criação desse artigo. O próprio General Douglas MacArthur, em sua obra, afirma que muitos o acusaram de ter imposto a cláusula antiguerra ao Japão. MacArthur afirma que no dia 24 de janeiro, o primeiro Ministro Shidehara o visitou para agradecer por levar a Penicilina ao Japão e, na ocasião, pediu que a versão final da Constituição contivesse a cláusula antiguerra. "O resto do mundo saberia que o Japão nunca mais iria à guerra. Ele [Shidehara] disse que o Japão era um país pobre e não poderia investir dinheiro em armamentos. Todas as reservas que a nação tinha deveriam ser destinadas à economia." (MACARTHUR, 1967, p. 347).

O cientista político japonês Tsuchiyama Jitsuo (2007) argumenta que MacArthur insistia em responsabilizar o então Primeiro Ministro Shidehara pela iniciativa, pois caso a Constituição não fosse escrita pelo povo japonês, as forças aliadas seriam acusadas de violar o Artigo 43 do Tratado de Haia de 1907 (BERGER; MOCHIZUKI; TSUCHIYAMA, 2007, p. 54), que defende o seguinte:

Art. 43. The authority of the legitimate power having in fact passed into the hands of the occupant, the latter shall take all the measures in his power to restore, and ensure, as far as possible, public order and safety, while respecting, unless absolutely prevented, the laws in force in the country.

Além disso, Sodei Rinjiro (1964) afirma que MacArthur posteriormente responsabilizou Shidehara, pois seria doloroso renegar, ao início da Guerra da Coreia, a sua própria cláusula antiguerra, que havia sido criada "do fundo de seu coração" no momento seguinte ao fim da Segunda Guerra. Para um estrategista seria uma desonra, após apenas cinco anos, descobrir que estava totalmente errado em suas predições da história. "Talvez, responsabilizando Shidehara pela cláusula antiguerra, MacArthur estava evitando assumir a responsabilidade histórica." (SODEI, 1964).

Segundo Takemae (2002), a ideia de renúncia à guerra já estava pronta quando o General MacArthur delegou a Whitney a tarefa de criar um modelo constitucional, mas isso não significa que ela tenha sido sua. É uma informação que, possivelmente, não será revelada. Entretanto, Yoshida, então ministro, relata que tinha a impressão de que o Artigo 9º havia sido sugerido pelo General MacArthur ao Primeiro Ministro Shidehara, que respondeu com entusiasmo (YOSHIDA, 1961).

O autor Koseki (1997) afirma que é possível que tenha sido MacArthur que sugeriu a inclusão de tal artigo no rascunho. A Constituição das Filipinas de 1935 já tinha uma cláusula semelhante, e MacArthur havia sido conselheiro militar da transição, quando a colônia norte-americana ganhou sua independência. É possível que MacArthur tinha a Constituição das Filipinas em mente quando pediu para sua equipe criar uma ao Japão. O autor apresenta três motivos que tornam possível a tese de que MacArthur criou o artigo 9º: MacArthur ordenou que a cláusula antiguerra fosse retirada do preâmbulo e fosse inserida no corpo do rascunho constitucional; há similaridade com a Constituição das Filipinas; e quando Shidehara demonstrou-se preocupado pelo Japão ser o único país a renunciar à guerra, MacArthur respondeu "mesmo que não haja seguidores, o Japão não tem nada a perder" (KOSEKI, 1997).

Além de não haver registros concretos e irrefutáveis em relação à origem da cláusula, esse fato apenas fomentaria debates sobre a relação vitorioso-derrotado. A Constituição de 1947 pode ser de origem norte-americana, entretanto, a aceitação e a manutenção integral de seu texto, mesmo após o fim da ocupação, mostraram que ela fazia parte dos interesses nacionais do Japão, dentro de sua "estratégia" de ascensão econômica.

Yoshida achava que a adoção do artigo 9º seria positiva ao Japão por conta das desconfianças da comunidade internacional. É importante citar que as memórias de Yoshida foram publicadas no início da década de 1960, após passar duas vezes pela liderança do país. Suas opiniões mudaram muito desde a sua participação no Comitê da Constituição.

> O segundo ponto mais discutido foi a cláusula sobre a renúncia à guerra. Eu era a favor disso, uma vez que os poderes Aliados achavam que o Japão era uma nação militarista. Era necessário indicar que o Japão não era.

Por isso, a inserção da cláusula de renúncia à guerra me parecia eficiente. [...] A renúncia à guerra, mesmo em autodefesa, foi um passo necessário para retificar a impressão errada que outras nações possuem de nossas intenções. (YOSHIDA, 1961)

Na sua época de premiê, Yoshida informava que o direito de autodefesa não era especificamente proibido pela Constituição. Mas como o direito de beligerância e a manutenção de potencial bélico foram renunciados no Artigo 9º, logicamente uma guerra em autodefesa também seria proibida. Ele ainda afirmava que a proibição da autodefesa seria positiva, pois ela havia sido o pretexto para a maioria das guerras. Além disso, ele acreditava que o Japão era visto como um Estado militarista, que poderia embarcar em uma guerra de retaliação após se recuperar das perdas da Segunda Guerra Mundial (YOSHIDA, 1961).

É importante citar que o Artigo 9º foi escrito de uma forma em que ninguém possa ter certeza de seu real significado (DOWER, 1999). Não há como saber se tal artigo proíbe Forças Armadas de autodefesa. O governo japonês conviveu com esse dilema, ora afirmando que a Constituição proibia forças de defesa, ora afirmando que a autodefesa não era proibida.

Tsuchiyama (2007) alega que não inclui "a frase" que proibia uma guerra, mesmo que seja para fins defensivos. Essa frase estava presente nas anotações do General MacArthur de 3 de fevereiro de 1946 e foi banida. Essa é uma das razões pelas quais se pensa que o direito à autodefesa do Japão estaria preservado (BERGER; MOCHIZUKI; TSUCHIYAMA, 2007, p. 54). Além disso, emendas feitas na Dieta em relação ao Artigo 9º enfatizaram a análise da frase

"A fim de concretizar o objetivo do parágrafo precedente". Essa frase abriu novos debates em torno da possibilidade de o Japão possuir forças de autodefesa, pois desde que o país não utilizasse Forças Armadas como meios de resolução de disputas internacionais, a defesa seria permitida (HUGHES, 2006, p. 32).

O Artigo 9º abriu espaço para o que hoje é conhecido como "Doutrina Yoshida", que será vista posteriormente. Por meio desse Artigo, o Japão conseguiu criar sua estratégia de recuperação econômica em menos de duas décadas, porém limitou sua projeção de poder e sua participação em foros internacionais.

REFORMAS ECONÔMICAS

Até o final da Segunda Guerra Mundial, a economia do Japão girava em torno de grandes conglomerados industriais conhecidos como *zaibatsu*. Tais empresas, majoritariamente fundadas no século XIX, eram controladas por uma elite e tinham domínio sobre minas, plantações, fábricas, bancos, jornais, ferrovias etc. Os principais *zaibatsu* foram: Mitsui, Mitsubishi, Yasuda, Kabushiki e Sumimoto. A ligação entre essas companhias e o governo se deu a partir da década de 1930, quando começaram a beneficiar-se dos territórios e dos recursos conquistados no exterior. A partir dessa década, os zaibatsu começaram a aumentar a produção de combustíveis, ferro, aço e máquinas, em detrimento de outros produtos, inclusive alimentos.

Ainda na Política Inicial de Pós-Rendição, os Estados Unidos previam a desmilitarização econômica. A base econômica da força militar japonesa deveria ser destruída e não seria permitida a sua reativação. Takemae (2002) afirma que Washington tinha a intenção de acabar com os cartéis japoneses por dois motivos, os mesmos que os levaram a colocar fim aos alemães: o primeiro era a certeza que os grandes *zaibatsu* Mitsubishi, Mitsui, Sumitomo e Yasuda estavam apoiando os militaristas desde 1930; o segundo era a cultura norte-americana de acabar com cartéis, desde o Ato AntiTruste Sherman de 1890, passando pelo Ato AntiTruste Clayton de 1914 e chegando no Ato Robinson-Putman de 1936, impulsionado pelo *New Deal* de Roosevelt.

Em outubro de 1946, os principais *zaibatsu* voluntariamente propuseram ao Quartel General as suas dissoluções, após MacArthur abrir espaço para tal ação. Em 6 de novembro de 1945, o General MacArthur emitiu uma diretiva e ordenou a separação de todos os conglomerados industriais, pois a dissolução desses gigantes industriais permitiria um desenvolvimento econômico mais democrático e pacífico, conforme previa a Política Inicial de Pós-Rendição. Nesse conjunto, 21 bancos também seriam fechados e a população foi encorajada a comprar ações dos "ex-*zaibatsu*", pois com capital aberto, os conglomerados não conseguiriam retomar a força e o impulso anterior, uma vez que previamente eram empresas familiares. A diretiva de MacArthur fez com que 16 empresas fossem dissolvidas, sendo 10 das grandes famílias. 26 conglomerados foram dissolvidos e reestruturados, 11 foram reorganizados e 30 ficaram intactos (TAKEMAE, 2002). Essas mudanças foram acompanhadas pela lei antitruste de março de 1947. Algumas empresas conseguiram se reconstituir após alguns anos, como Mitsubishi e Mitsui, que chegaram a ser divididas em 213 empresas.

A economia do arquipélago estava totalmente destruída. Os preços, de 1945 até 1948, aumentaram em até 700% e, em 1948, as indústrias não atingiam 1/3 do nível de produção anterior à guerra (SUGITA, 2003, p. 50). Mesmo com os esforços dos Estados Unidos, a economia não parecia responder positivamente nos primeiros anos da ocupação.

Dower (1988) afirma que a crise gerada pela guerra foi intensificada pela falha das autoridades em definir e implementar dois programas: desconcentração e reparação. Os capitalistas japoneses não tinham interesse em reconstruir as empresas ou investir nelas, pois elas poderiam ser fechadas ou dissolvidas.

A partir de 1946, os Estados Unidos começavam a perceber que a União Soviética, então aliada, poderia expandir-se e vir a confrontá-los em termos de poder. Conforme havia informado George Kennan no Longo Telegrama, os soviéticos se aproveitariam de regiões onde há vazios de poder para expandir suas influências. Um Japão desmilitarizado e com economia fraca poderia dar uma abertura à expansão soviética. Na Ásia, a China nacionalista ainda era a maior aposta norte-americana na região, entretanto, com o crescimento do Partido Comunista Chinês a partir de 1947-1948, as atenções centrais de Washington passaram ao Japão.

Em abril de 1946, com os principais objetivos da ocupação já quase alcançados (desmilitarização e democratização), os Estados Unidos perceberam que as condições econômicas do Japão influenciariam o caminho que o país seguiria no futuro ao aliar-se aos Estados Unidos ou a algum inimigo potencial (SUGITA, 2003, p. 49). Como o país já estava fraco militarmente, a recuperação econômica tornou-se uma preocupação dos Estados Unidos, apesar de não fazer parte dos objetivos iniciais da ocupação. Pode-se dizer que o sentimento em torno da Guerra Fria foi o grande motivo para o engajamento norte-americano em recuperar a economia japonesa. Kennan estava convencido que os programas liberais de MacArthur estavam arruinando a economia e expondo o Japão a subversão interna da esquerda (TAKEMAE, 2002).

Em sua obra, Yoneyuki Sugita (2003) cita dois principais receios dos Estados Unidos perante o fracasso econômico japonês: as tendências pró-americanas, pró-democráticas, e antissoviéticas poderiam ser completamente revertidas; e o povo japonês poderia deixar de confiar na democracia. Além disso, como verificado na história dos Estados Unidos, a expansão da democracia e de seus valores sempre fez parte da política externa deste, como se fosse um segundo Destino Manifesto. A aplicação de sua modernidade e de sua excepcionalidade em outros Estados era fundamental. Sem o desenvolvimento econômico, o sucesso da democracia não seria alcançado.

A inflação era vista entre 1947 e 1948 como uma ameaça ao sucesso da ocupação. Os Estados Unidos não estavam mais dispostos a manter as ajudas econômicas que vinham praticando. O Conselho Nacional de Assuntos Monetários Internacionais (*The National Advisory Council on International Monetary Affairs – NAC*) afirmava que a ajuda norte-americana deveria depender da estabilidade econômica do Japão. "Washington entendeu que a ajuda generosa ao Japão seria um desperdício sem estabilização econômica e, ainda, o NAC não iria tolerar ajudas benevolentes ao Japão." (SUGITA, 2003, p. 54).

Assim, em 1948, Truman enviou a MacArthur um programa de estabilização econômica baseado em nove pontos (*Nine-Point Program*): 1) balanço do orçamento; 2) aumento da eficiência dos impostos coletados; 3) limitar o crédito; 4) controlar salários; 5) controlar preços; 6) controlar o comércio exterior; 7) aumentar exportações; 8) aumentar a produção industrial; 9) aumentar a eficiência do programa de coleta de alimentos.

Inicialmente, sem muitas esperanças no Programa de Nove Pontos, Truman, a pedido de MacArthur decidiu contar com a ajuda de alguém que entendesse de economia. Assim, em dezembro de 1948, um banqueiro chamado Joseph Dodge, presidente do Banco de Detroit, foi convidado por Truman a criar uma política de estabilização, aplicando os nove pontos. Caso contrário, nenhuma ajuda seria aprovada para o Japão, o que poderia ser um entrave à Doutrina de Contenção na Ásia, uma vez que em 1949, a China se tornaria comunista. Em 1º de fevereiro de 1949, Joseph Dodge desembarcou no Japão.

O Plano Dodge, como ficou conhecido, obteve sucesso. Reduziu a inflação e estabilizou a economia japonesa. Dogde mudou o foco da política norte-americana ao Japão para a exportação.[4] O Plano Dodge fez com que Washington se comprometesse mais com os assuntos asiáticos (SUGITA, 2003).

As mudanças internas já eram percebidas em março de 1949. Em sua análise, a Banca de Estabilização Econômica (*Economic*

---

4 Em abril de 1949, Joseph Dodge estabeleceu uma taxa de câmbio de 360 ienes para 1 USD, a fim de incentivar o setor de exportação (DOWER, 1999, p. 540).

Stabilization Board)[5] afirma: "A economia japonesa de 1948 está mostrado sinais de estabilização no aumento da produção, diminuição da inflação e no aumento real dos salários".[6] A inflação caiu de 80% em 1948 para 24% em 1949; o preço de bens no mercado negro caiu 35% entre janeiro de 1949 e maio de 1950; e o preço dos bens de consumo no mercado negro caíram 38% no mesmo período (SUGITA, 2003). Ainda em 1949, o Ministério de Comércio e Indústria e a Banca de Comércio foram fundidos a fim de criar o Ministério do Comércio Internacional e da Indústria, conhecido como MITI (*Ministry of International Trade and Industry*).

Já Dower (1999) afirma que o Plano Dodge foi capaz de controlar e diminuir a inflação, porém teve seus custos. Segundo o autor, orçamentos públicos foram cortados, o desemprego aumentou, o consumo interno foi suprimido, pequenas empresas foram à falência e a mídia começou a mostrar casos de suicídios entre pequenos empresários. A economia continuava fraca, e a exportação não aumentou. A boa impressão do Plano Dodge, entretanto, se deu por dois fatores: o controle da inflação e o início coincidente da Guerra da Coreia em 1950.

A Guerra da Coreia foi um grande impulsor da economia japonesa no início da década de 1950. Yoshida falava que a Guerra da Coreia era um "presente dos deuses" para o Japão. O medo da instabilidade econômica foi substituído pela entrada de dólares vinda das "aquisições especiais" (*special procurements*), ou seja, necessidades materiais e de serviços dos Estados Unidos no conflito. Grande parte

---

5   Criado em agosto de 1946 no Japão (pelos EUA) para gerir a economia japonesa.
6   ESB Analysis, 12 March 1949 *apud* SUGITA, 2003.

dos setores industriais foi agraciada pela demanda dos Estados Unidos, desde produtos de metal, a combustíveis fósseis, máquinas, roupas, remédios, veículos, sapatos, bebidas, alimentos, papéis, tabaco etc. Além disso, o Japão começou a fabricar munições, armas leves e bombas incendiárias, apesar de tais manufaturas serem proibidas (DOWER, 1999). O setor de serviços também sofreu alta demanda, pois os japoneses consertavam tanques, caças, veículos etc. No total, a Guerra da Coreia rendeu ao Japão a entrada de mais de dois bilhões de dólares entre 1950 e 1953, o que excedeu o total recebido entre 1945 e 1951 dos Estados Unidos por outras vias (DOWER, 1999). Após o término do conflito, os Estados Unidos continuaram comprando, trazendo 1,71 bilhão de dólares entre 1954 e 1956. Com as receitas, o país conseguiu dobrar sua capacidade produtiva. A Toyota, fabricante de veículos, aumentou sua produção em 40%. Essa foi a época em que o Japão começou a comprar licenças e patentes americanas, política que era apoiada por Washington, pois era fundamental para o bem-estar econômico de seu ainda frágil aliado da Guerra Fria (DOWER, 1999, p. 543).

Yoshida, então Primeiro Ministro (segundo mandato entre 1948 e 1954), preocupava-se com o aumento de dinheiro na economia japonesa. A inflação ameaçava voltar após todos os esforços realizados para contê-la. Assim, Yoshida e Ikeda Hayato, o ministro das finanças, criaram um plano para incentivar a entrada de produtos estrangeiros. As importações eram livres de impostos, uma ampla gama de alimentos era pré-autorizada etc. Yoshida também receava que os Estados Unidos perdessem a guerra na Coreia. Se isso corresse, o Japão ficaria isolado no meio do Pacífico e não poderia mais importar comida ou recursos naturais. Isso colocaria o Japão em uma situação difícil (YOSHIDA, 1964). A China comunista até o início de 1950 não era vista como um inimigo declarado dos Estados Unidos. Em fevereiro de 1950, Mao e Stálin assinaram um tratado de amizade, o que veio a caracterizar a China como um potencial inimigo do ocidente, aumentando ainda mais a necessidade de revitalizar o Japão, por sua importância geopolítica. Em 1953, o então presidente norte-americano Dwight Eisenhower já falava em transformar a Contenção em uma doutrina anticomunista, deixando de ser apenas antissoviética (PECEQUILO, 2005).

Enfim, a Guerra da Coreia trouxe a estabilidade econômica ao Japão, crescimento interno, fortalecimento das relações com os Estados Unidos e, não menos importante, a criação da Reserva Nacional de Polícia, que se tornou em 1954, as Forças de Autodefesa. Esse tema será tratado adiante.

O FIM DA OCUPAÇÃO

O crescimento da importância do Japão como um aliado do Ocidente no início da Guerra da Coreia abriu espaço para discussões sobre a retomada de sua soberania. Podia-se dizer que todos os objetivos da ocupação dos Aliados já haviam sido cumpridos. O país já não era mais comandado por uma monarquia absolutista, tampouco representava uma ameaça militar a outras nações. Segundo Yoshida (1961), MacArthur era um dos principais defensores da retomada de soberania pelo Japão o mais breve possível. Na ocasião do quinto aniversário da ocupação, MacArthur, que estava liderando as Forças das Nações Unidas na Coreia, enviou uma mensagem ao Japão:

[...] Na atmosfera universal de dúvida e incerteza gerada pelo choque de forças opostas – o bem e o mal – o povo japonês com calma e determinação alcançou a reorientação política, reconstrução econômica e progresso social, que atestam ao Japão qualificação incondicional para retomar sua associação permanente na família de nações livres.
[...] Os objetivos básicos da ocupação foram alcançados. Politicamente, economicamente e socialmente, o Japão em paz não irá perder a confiança universal. (MACARTHUR, 1964)

No início da segunda metade do século, o Departamento de Estado enxergou a necessidade de findar a ocupação, pois o seu prolongamento poderia gerar sentimentos antiamericanos. Já os militares em Washington acreditavam que a ocupação deveria durar mais, pois necessitariam da posição estratégica do arquipélago.

Em 1950 o presidente Truman selecionou John Dulles, ex-senador republicano, para ser um conselheiro ao Departamento de Estado sobre assuntos relativos ao Japão. Truman buscava esfriar as críticas dos republicanos em relação à falta de comprometimento com a Contenção. A primeira visita de Dulles ao Japão como conselheiro foi no início da Guerra da Coreia, em junho de 1950. Dulles esperava que os japoneses percebessem o perigo que o comunismo representava ao Japão (SAKAMOTO, 2009). A partir desse momento, Dulles acreditava que estava na hora de devolver a soberania ao Japão por meio de um tratado de paz, ao mesmo tempo em que fosse criado um tratado que autorizasse o uso do território japonês pelas Forças Armadas norte-americanas. Em 8 de setembro de 1950, Truman aprovou a diretiva do Conselho de Segurança Nacional *(National Security Council)* NSC 60/1, que versou sobre o tratado de paz. No mesmo dia, Dulles enviou uma mensagem a MacArthur, que estava na Coreia, informando que um acordo de paz já estava sendo negociado dentro do governo norte-americano (MACARTHUR, 1964).

Yoshida, após deixar o cargo em 1947, voltou em 1948 e liderou o processo de transição de soberania dentro do governo japonês. Ele não foi apenas um político na transição. Foi o responsável por criar um novo pensamento em torno do papel do Japão no mundo e perante os Estados Unidos, o que moldou a política externa até o fim da Guerra Fria. A principal preocupação de Yoshida no momento da negociação do Tratado de Paz era a questão da segurança. Para ele, o arquipélago não poderia garantir sozinho a sua segurança externa, sendo o apoio dos Estados Unidos fundamental. Assim, sob o governo Yoshida, os interesses dos Estados Unidos e do Japão começaram a convergir (SAKAMOTO, 2009).

Em suas memórias (1961), Yoshida afirma que sabia que o tratado de paz em questão seria diferente de todos os outros da história, como a Conferência de Portsmouth, que finalizou a guerra Russo-Japonesa em 1905, e a Conferência de Versalhes, que terminou a Primeira Guerra Mundial. Nessas duas conferências, o derrotado e o vencedor negociavam a paz em relativo pé de igualdade. No caso do Japão, conforme a Declaração de Potsdam, os aliados iriam decidir sozinhos sobre o tratado e iriam "impô-lo" ao Japão. Assim, o Japão deveria ter alguém para representar os interesses japoneses em sua ausência. Estes seriam os Estados Unidos, pois em contraste com alguns aliados, que ainda sustentavam um sentimento de ódio ao Japão, os Estados Unidos se tornaram mais solidários aos pedidos e às esperanças do Japão. Mais tarde, Dulles afirmou a Yoshida que enfrentara fortes oposições dos outros aliados, principalmente das Filipinias e dos países da *Commonwealth* (YOSHIDA, 1964). Sabendo da necessidade de ter os Estados Unidos como defensores dos interesses japoneses perante os outros Aliados, o governo japonês começou a unir um material expondo todos os aspectos internos do país, desde a economia até a posse de territórios, inclusive Okinawa, Ilhas Bonin, Ilhas Kurilas e Ilhas Sakalinas. No caso dos territórios, o governo informou as circunstâncias que as tornaram integralmente parte do território japonês sem utilizar explicações raciais e históricas (YOSHIDA, 1964). Em 1950, o governo japonês havia entregado um apanhado de documentos relativos a todos os assuntos internos, que foram bem aceitos por Washington a fim de que tivessem todas as informações ao seu alcance no momento da definição do tratado de paz.

Em janeiro de 1951, Dulles retornou ao Japão e informou a Yoshida que o objetivo dos Estados Unidos era criar um tratado que não seria assinado entre vencedor e derrotado, mas entre nações amigas (YOSHIDA, 1961).

No meio das negociações entre Japão e Estados Unidos, havia dois pontos que não chegavam a um consenso. O primeiro ponto é a questão do rearmamento japonês. Para tornar o Japão um braço forte do Ocidente, os Estados Unidos acreditavam que o país deveria se remilitarizar. Dower (1999) relaciona essa política de "remilitarizar depois de forçá-lo à desmilitarização" à frase *"Oh, Mistake!"*.[7] "O conflito

---

7   Pode ser traduzido ao idioma português como "Ops! Errei!", com a intenção de mostrar arrependimento por uma ato realizado.

na Coreia levou a um novo mundo; e pela primeira vez desde a rendição, o Japão, querendo ou não, fazia parte dele." (DOWER, 1999). Para Yoshida, o Japão não tinha condições de se armar, e a população japonesa não apoiaria. Além disso, argumentava que a economia do Japão não aguentaria. "Era temido que problemas econômicos poderiam gerar uma instabilidade social, resultando, ironicamente, em um Japão menos seguro." (SAKAMOTO, 2009).

O segundo ponto de divergência é a questão do uso do território japonês pelas Forças Armadas dos Estados Unidos. Yoshida queria que Okinawa ficasse sob soberania japonesa, sendo limitado o espaço para as bases militares norte-americanas, e regulamentado por um tratado separado, sob o escopo das Nações Unidas. Os Estados Unidos só não aceitaram a última exigência.

O tratado sobre a utilização do território japonês pelas Forças Armadas dos Estados Unidos surgiu como uma necessidade estratégica norte-americana para a Guerra Fria. Os Estados Unidos apenas queriam a garantia de alinhamento. George Kennan, ao ver a situação do Japão, demonstrou grande receio. Sem um tratado formal, o Japão poderia aliar-se facilmente à URSS. Vistas as suas capacidades produtivas, o arquipélago representava um prêmio para qualquer um dos lados (PYLE, 2007, p. 221). A essa altura, o Japão desprovido de poder militar, com sua economia fraca, e geograficamente bem localizado (entre as duas potências) poderia exercer uma política pendular entre os EUA e a URSS. Essa possibilidade era temida pelos norte-americanos, que chegaram à conclusão de que o Japão não poderia ter um destino independente. Deveria funcionar como um satélite estadunidense ou soviético (PYLE, 2007, p. 221).

No dia 7 de julho de 1951, o governo japonês foi comunicado sobre o tratado de paz. Yoshida (1961) afirmava que Dulles havia conseguido importantes concessões de outros aliados, que o Japão não conseguiria sozinho. O governo japonês recebeu o convite formal no dia 20 de julho de 1951 e o aceitou no dia 24. Na delegação japonesa, Yoshida tentou deixá-la a mais representativa possível, unindo pessoas de diferentes partidos e ministérios.

A versão final do tratado trazia as seguintes menções: 1) o Japão reconhece a independência da Coreia, renuncia a posse sobre as ilhas Quelpart, Port Hamilton e Dagelet; 2) O Japão renuncia todos os direitos sobre Formosa e Pescadores; 3) O Japão renuncia todos os direitos sobre as Ilhas Kurilas, e uma parte da Ilha Sakalina e todas as ilhas próximas que foram tomadas da Rússia pelo tratado de Portsmouth de setembro de 1905; 4) O Japão renuncia todos os direitos relativos ao Sistema de Mandato da Liga das Nações; 5) O Japão renuncia todos os direitos sobre qualquer área da Antártica; 6) O Japão renuncia todos os direitos sobre as Ilhas Spratly e Paracel.

A Conferência de São Francisco (ou Conferência da Paz) aconteceu do dia 4 ao dia 8 de setembro de 1951. No dia 8 de setembro, ao ser chamado para assinar o tratado, o Secretário de Estado Dean Acheson se referiu ao Japão como "nosso amigo Japão". Em suas memórias, Yoshida informa o horário exato da fala (11h44min), demonstrando a importância que a entrada do Japão à sociedade das nações soberanas representava.

No mesmo dia, o Tratado de Segurança Japão-Estados Unidos foi assinado. Esse tratado inicial preservava muitas das políticas exercidas durante a ocupação: por tempo indefinido, o Japão serviria de bases para os EUA como um satélite militar dos EUA. Além disso, o que gerou muitas desordens internas foi o fato de que os EUA teriam o direito de intervir no âmbito doméstico japonês em qualquer momento e teriam também o direito de projetar seu poder militar a partir das bases nipônicas contra qualquer Estado sem consultar o governo japonês. Os dois tratados passaram a vigorar no dia 28 de abril de 1952, quando o Japão readquiriu sua soberania.

capítulo 3
A RETOMADA DA SOBERANIA:
O INÍCIO DA
INDEPENDÊNCIA POLÍTICA?

APÓS A ASSINATURA dos dois tratados mencionados anteriormente, o Japão, oficialmente, tornou-se apto a formular suas próprias políticas. O governo passou a ser totalmente soberano. A nova política externa, contudo, não seguiu seu rumo de autonomia e de independência. A partir do final de abril de 1952, o país adotou um comportamento de alinhamento e lealdade aos interesses norte-americanos. De acordo com o mencionado anteriormente, Yoshida marcou a política externa japonesa até o final do século XX. Sua concepção de "rumo correto" para o Japão era manter o país ao lado dos Estados Unidos, assumindo interesses político-estratégicos norte-americanos como próprios do Japão. E isso de maneira alguma seria ruim aos japoneses.

Yoshida era um diplomata de carreira e já havia atuado como embaixador do Japão em países europeus. Ao voltar ao Japão, aposentou-se e foi acusado de ser pró-Aliados, o que fez com que fosse preso por quarenta dias. Assumiu o cargo de Primeiro Ministro em 1946-1947 e 1948-1954. Destacou-se pela boa relação com o General MacArthur.

Essa afinidade não foi apenas de Yoshida, senão também de Suzuki Kantarou, o Primeiro Ministro na época em que o Japão se rendeu: em 1946, Suzuki publicou no jornal local que estava feliz com o progresso da ocupação, pois ele e o Imperador estavam confiantes de que o General MacArthur seria justo (FINN, 1991, p. 134).

Basicamente, próximo ao fim da Ocupação, Yoshida criou uma linha de política externa baseada nos ganhos econômicos que o país poderia ter. Essa política foi conhecida como "Doutrina Yoshida" e se sustentava por três grandes pilares: 1) reconstrução econômica a qualquer custo; 2) parceria político-estratégica com os Estados Unidos; 3) ausência nos assuntos internacionais. De fato, Yoshida tinha como único objetivo a reconstrução econômica do país, e para isso, o papel dos Estados Unidos era fundamental.

Todos os esforços deveriam ter como o objetivo central a reconstrução da economia interna do país. Assim, questões secundárias como a segurança e a defesa do arquipélago ficariam à custa dos Estados Unidos, pois um forte aspecto defendido pela Doutrina Yoshida é a proibição constitucional de o Japão manter Forças Armadas que ultrapassem o limite do mínimo necessário para a defesa. Yoshida acreditava que o Japão poderia crescer muito com a cooperação econômica e militar dos Estados Unidos. Por esse motivo, a ideia que surge é que o Japão era um mero *free-rider* que não era capaz de definir sua própria política externa. Na realidade, é possível dizer que nas ideias pró-americanas e subordinativas de Yoshida, escondia-se o interesse nacional, cujo objetivo era maximizar os ganhos do Estado.

Sendo o terceiro Primeiro Ministro na sucessão pós-guerra, Yoshida Shigeru, foi o responsável por moldar a política externa do Japão durante a ocupação. Tendo assumido o cargo de Primeiro Ministro em 1946, foi o primeiro a descobrir que o Artigo 9º poderia ser utilizado a favor do Japão. Como visto anteriormente, Yoshida participou do Comitê revisor da Constituição Meiji e como Primeiro Ministro, defendia o Artigo 9º. Ele sabia a situação do país na política internacional. Não apenas a situação do Japão, mas a situação dos Estados Unidos nas relações internacionais. Assim, a adoção da Constituição, que aparentemente torna o Japão um Estado não racional ou anormal, pode ser vista como uma política visionária.

Para Yoshida, a Constituição de 1947 era a principal ferramenta que o Japão tinha para maximizar seus ganhos, principalmente durante a Guerra Fria. Em relação à Constituição, quando chegou ao cargo de Primeiro Ministro em 1946, sua posição mudou drasticamente. Antes, era contra qualquer mudança no documento da Era Meiji, mas após perceber que o sucesso econômico e social do país poderia ser alcançado com manobras políticas sob a Constituição, criou um grande discurso em defesa do novo documento. Havia um motivo para isso.

Não apenas a Constituição serviu aos interesses japoneses. O Tratado de Segurança Japão-Estados Unidos teve também um papel fundamental. Yoshida aproveitou a Guerra Fria para obter vantagens dos Estados Unidos. Apesar de os Estados Unidos garantirem uma base militar com perfeita localização estratégica na Ásia,[1] o Japão obteve ganhos

---

1 Okinawa é uma ilha localizada ao extremo sul das principais ilhas do arquipélago. Sua localização geográfica permite que os Estados Unidos possam intervir prontamente no Sudeste Asiático, na China, em Taiwan e na Coreia. A localização da ilha ainda é uma forte justificativa para

mais significativos. O tratado, sob a justificativa de manter o Japão ao lado dos ocidentais, fez com que o país não precisasse gastar com defesa, o que às vésperas do tratado de paz era uma grande preocupação de Yoshida. Naturalmente, seria um ato legítimo, caso o Japão decidisse alinhar sua política externa com a soviética após reaver sua soberania. Entretanto, mesmo soberano, o país provavelmente não seria atraído pela URSS. A urgência de um tratado para "amarrar" o Japão pode ser interpretada, hoje em dia, como uma precipitação dos EUA frente à, talvez, superestimada ameaça soviética. Os governantes japoneses tinham plenos conhecimentos em relação aos esforços norte-americanos "pró-Japão" durante a ocupação.

Yoshida sabia que a barganha estratégica tinha custos e benefícios, e que o Japão não deveria se comprometer incondicionalmente. O grande custo era o dilema do *abandonment* e do *entrapment*.[2] Ele estava confiante em relação ao *abandonment*, pois sabia que o Japão era um ponto valioso no Leste Asiático. Seu maior medo era o *entrapment*, pois servir de bases às Forças Armadas norte-americanas poderia fazer do Japão um alvo potencial de conflito nuclear ou convencional, ou até os EUA poderiam pressionar o país a ter um papel mais ativo na guerra contra o comunismo, gerando conflitos desastrosos na península da Coreia ou Taiwan (HUGHES, 2004, p. 23). Para isso, Yoshida colocou ênfase no princípio de defesa individual, rejeitando qualquer tentativa

---

os Estados Unidos manterem suas bases, conforme visto em declaração conjunta Japão-Estados Unidos de 2010.

2 *Entrampment* (armadilha) ocorre quando um Estado entra em um conflito não desejado por apoiar outro Estado. *Abandonnment* (abandono) ocorre quando um Estado, normalmente superior em termos de poder, abandona seu aliado perante uma situação conflituosa.

dos EUA, a partir de 1950, de integrar o Japão em um programa de defesa coletiva a ser criada nos moldes da OTAN, onde o país seria obrigado a prestar assistência militar a qualquer aliado dos EUA ou bilateralmente aos próprios EUA. A Constituição foi um elemento de grande importância à reinserção japonesa. Muitas vezes impediu que o Japão caísse nas armadilhas dos Estados Unidos. Entretanto, a mesma Constituição impediu que o Japão tivesse uma posição mais ativa nas relações internacionais.

Por outro lado, o historiador norte-americano Kenneth Pyle afirma que Yoshida arriscou a integridade japonesa e respeito próprio ao sacrificar a aparência de independência política no interesse pela recuperação econômica.

> Concentração total em políticas de realismo econômico mostrou-se um meio viável para restaurar o papel do Japão como uma grande potência, mas teve um grande custo no orgulho nacional do Japão. Ceder em uma situação de dependência e subordinação aos Estados Unidos e à sua política de segurança, o Japão sacrificou seu respeito internacional. (PYLE, 2007, p. 238).

Dessa forma, a política externa japonesa serviu, em primeiro lugar, ao desenvolvimento econômico do país. Não se deve, assim, afirmar que a soberania do Japão não trouxe mudanças na forma pela qual o país atuava externamente. Enfim, a política externa de Yoshida fez sua tarefa de "traduzir necessidades internas em possibilidades externas para ampliar o poder de controle de uma sociedade sobre seu destino." (LAFER, 2004).

A CRIAÇÃO DAS FORÇAS DE AUTODEFESA

As Forças de Autodefesa, ao longo da Guerra Fria, constituíram um elemento da política externa japonesa para projetar a Doutrina Yoshida. Em termos práticos, as Forças de Autodefesa são as Forças Armadas do Japão, entretanto, não se deve aplicar o conceito de Forças Armadas para essa instituição, uma vez que o país é proibido constitucionalmente de efetuar ataques ofensivos, além de não serem dotadas de capacidades que sejam além do mínimo necessário para a defesa do arquipélago.

Foram criadas exclusivamente para fins defensivos, entretanto, o governo japonês sempre mudou sua posição em relação ao conceito de "defesa". Como não há uma definição precisa de "defesa", sofreram grandes mudanças ao longo dos anos. A criação de uma instituição militar pós-ocupação foi tratada com muito cuidado por Yoshida, pois poderia ser entendida por outros Estados como uma remilitarização do país. Além disso, as Forças de Autodefesa não poderiam absorver tanto recurso, pois este estaria destinado à recuperação econômica, uma vez que os Estados Unidos estavam encarregados da proteção do arquipélago.

As Forças de Autodefesa não surgiram de uma vez. Foram geradas por um processo institucional que teve início com a Guerra da Coreia, ainda durante a ocupação. O Japão, ainda ocupado, não tinha nenhuma intenção em desenvolver algum tipo de poder que não fosse o econômico. Como visto anteriormente, Yoshida, ao se tornar Primeiro Ministro, preocupava-se com a identidade que o país teria no exterior. Para ele, a imagem militarista da Era Meiji deveria ser apagada. Mais tarde, conforme será visto, Yoshida concordou em manter a mínima capacidade possível para a defesa a fim de manter o tratado de segurança com os Estados Unidos.

No dia 25 de junho de 1950, a Coreia do Norte ultrapassou os limites do Paralelo 38, estipulados pelos Estados Unidos e pela União Soviética como zonas de influências. Os Sul-Coreanos não estavam preparados para conter um ataque, pois não tinham condições materiais para isso: tinham armas leves, não tinham força aérea ou naval, faltavam tanques etc. A decisão em mantê-los assim viera do Departamento de Estado dos Estados Unidos como uma medida para evitar que os sul-coreanos atacassem o norte. MacArthur (1964) afirmava que era um grande erro não preparar o Sul para o conflito, pois o Norte estava muito melhor equipado.

No dia 27 de junho de 1950, o Conselho de Segurança das Nações Unidas aprovou medidas militares para restabelecer a paz na península coreana. Nesse período, no Conselho de Segurança, a China continental era representada por Taiwan, e a União Soviética estava boicotando as votações em protesto sobre a questão da representatividade chinesa. No dia 29, a situação do Sul estava piorando, pois Seoul estava sob forte ataque. Nesse mesmo dia, o general Douglas MacArthur partiu de Tóquio em direção a Suwon, há 35 quilômetros de Seoul. Quando chegou, Seoul já estava praticamente ocupada e as forças sul-coreanas não conseguiam resistir mais, sendo a invasão total do território sul-coreano uma questão de tempo.

Não havia outra opção além de enviar tropas terrestres norte-americanas para defender o Sul, entretanto, Washington informara MacArthur que nenhuma ação para proteger a Coreia do Sul deveria comprometer a proteção do Japão. Em menos de 24 horas, Truman autorizou o uso de tropas terrestres do Japão, e o número de soldados deveria ser estipulado pelo próprio MacArthur. No Japão, os Estados Unidos contavam com quatro divisões estabelecidas ao longo das principais ilhas do arquipélago: a Sétima Divisão estava ao norte, a Vigésima Quinta Divisão estava no centro, a Vigésima Quarta Divisão estava ao oeste e a Primeira Cavalaria estava em Tóquio. Entretanto, as tropas do Japão não contavam com fortes capacidades e não havia tempo para melhorar a situação. As tropas norte-americanas deveriam entrar no conflito do jeito em que se encontravam (MACARTHUR, 1964).

Como estratégia, MacArthur decidiu utilizar a demonstração de força para dissuadir o inimigo. As tropas norte-americanas foram paulatinamente sendo enviadas à península coreana, sendo a Vigésima Quarta Divisão a primeira a chegar, no dia 3 de julho de 1950. MacArthur conseguiu ganhar dez dias antes que o inimigo conseguisse posicionar-se em uma linha de batalha em torno de Suwon. No dia 18 de julho, a Vigésima Quinta Divisão e a Primeira Cavalaria foram mobilizadas para a Coreia. Apenas a Sétima Divisão permaneceu no Japão.

Antes mesmo de partir para a Coreia, MacArthur já imaginava o que a remoção das tropas norte-americanas poderia gerar ao Japão:

> E o Japão? O Japão era a minha principal responsabilidade. Há algumas horas, a nova diretiva de Washington reiterou que nenhuma ação para proteger a Coréia do Sul deveria prejudicar a proteção do Japão. Eu poderia despir esse grande bastião de tropas sem convidar os soviéticos a entrarem pelo norte? Eu poderia improvisar forças nativas no Japão para deterem qualquer ataque de um

inimigo se eu retirasse elementos das Forças norte-americanas e os levasse para a Coréia? (MACARTHUR, 1964).

Segundo Maeda (1995), quando MacArthur pisou na Coreia, já pensava na formação de uma força nativa no Japão. Com a retirada das tropas do Japão, era necessário criar uma maneira de proteger o arquipélago, pois a ocupação ainda não havia terminado. Assim, no dia 8 de julho de 1950, MacArthur enviou a Yoshida uma mensagem autorizando o aumento das Forças Policiais no Japão. Nessa mensagem, MacArthur argumenta que as Forças Policiais do Japão eram pequenas em relação ao tamanho da população e que o Japão era um país pacífico, apesar da pobreza (MAEDA, 1995). A partir dessas premissas, MacArthur continua:

> A fim de manter essa situação positiva, eu acredito que o Japão chegou a um ponto em que devemos aumentar e fortalecer a força policial japonesa, pois ela está no mínimo necessário para manter a paz pública em uma sociedade democrática e para resguardar medidas que limitem as oportunidades para uma minoria fora da lei quebrar as leis e perturbar a paz e a segurança públicas. Por esse motivo, eu autorizo o governo japonês a estabelecer uma reserva nacional de polícia composta por setenta e cinco mil membros e a adicionar oito mil membros à *Maritime Safety Board*[3] (MACARTHUR, 1950 *apud* MAEDA, 1995)

---
3 A Marinha Imperial japonesa foi o único órgão estatal que não foi totalmente desativado após o final da Guerra do Pacífico. Obviamente, o Ministério

Apesar de constar as palavras "eu autorizo", a mensagem de MacArthur era uma ordem. O governo de Yoshida não havia pedido permissão para criar uma reserva nacional e nem entendeu o que o General estava querendo (MAEDA, 1995). Entretanto, em suas memórias, Yoshida diz que acreditava que a nova diretiva de MacArthur seria uma oportunidade para melhorar a eficiência da polícia no pós-guerra e que sabia as reais intenções do General. "O propósito da diretiva era claro: era para fortalecer a força policial de uma forma a preencher o vácuo deixado pela retirada de tropas norte-americanas para o front de batalha na Coréia. [...]" (YOSHIDA, 1961). O que Yoshida não sabia era o papel que receberia essa nova polícia e qual seria sua relação com a política já existente (YOSHIDA, 1961). Após negociação com o Quartel General, Yoshida afirmou perante a Dieta que a nova força policial seria organizada separadamente da polícia existente e estaria sob as ordens do governo.

A Dieta questionou a constitucionalidade da reserva nacional de polícia, uma vez que poderia representar um rearmamento do país. Yoshida defendia que o propósito da nova organização era manter a ordem dentro do território japonês e não tinha nada a ver com o rearmamento (YOSHIDA, 1961). Após pouco mais de um mês a partir do recebimento da diretiva de MacArthur, a Reserva Nacional de Polícia foi inaugurada. O Primeiro Ministro estaria no comando da nova organização, que foi dividida em distritos

---

da Marinha foi desativado em novembro de 1945, a fim de acabar com a bandeira imperial. Entretanto, a Marinha foi utilizada para retirar as 100 mil minas submarinas instaladas em torno do arquipélago e para auxiliar os Estados Unidos na Guerra da Coreia. Com a tarefa de retirar as minas submarinas, ainda em 1948, recebeu o nome de *Maritime Safety Board*.

e teria equipamentos necessários para a realização de suas tarefas. Na época de sua criação, era possível perceber que iria crescer muito no futuro. Sua estrutura era radicalmente diferente das forças policiais existentes (MAEDA, 1995).

Em relação a *Maritime Safety Board*, em 1951, os Estados Unidos ofereceram 68 novos navios de combate a serem utilizados pelos japoneses. Com a oferta, foi criada a Comissão Y para gerenciar as novas capacidades da Marinha japonesa e para discutir a estrutura do órgão. Uma das resoluções emitidas foi a criação da Força de Segurança Marítima, que foi aprovada pelo Parlamento em abril de 1952 (MAEDA, 1995).

A criação de uma nova organização e o aumento dos membros da *Maritime Safety Board* não significavam que o Japão estaria pronto para defender-se após o fim da ocupação. Segundo Yoshida (1961), o reconhecimento de que o Japão não poderia se defender sozinho levou ao tratado de segurança com os Estados Unidos citado anteriormente.

Com a assinatura do Tratado de Segurança com os Estados Unidos, o governo japonês enviou em maio de 1952 um projeto de lei à Dieta (Parlamento) para que a Reserva Nacional e a Força de Segurança Marítima fossem unificadas, e para que as capacidades marítimas e terrestres fossem ampliadas a fim de garantir a segurança do Japão. Nesse contexto, o termo "potencial de guerra" teve seu sentido modificado. Para o governo japonês, o termo se refere à posse de armas que gere capacidade de fazer uma guerra, e o fortalecimento das duas forças não as colocariam nesse potencial (MAEDA, 1995). No dia 31 de julho de 1952, o projeto foi aprovado e as Forças de Segurança foram criadas.

A institucionalização das Forças de Segurança do Japão criou um desconforto em seus vizinhos. Yoshida insistia que o objetivo dessa nova instituição era manter a paz e a segurança internas do país. Dizia que as Forças de Segurança são do povo, para o povo e pelo povo. As funções, entretanto, não eram as mesmas da Reserva Nacional de Polícia. Não tinha mais o objetivo de formar uma força policial, uma vez que receberia equipamentos pesados, como tanques. A integração das duas forças deu uma característica militar às Forças de Segurança. As principais mudanças para a recém criada Forças de Segurança foram: 1) contingente de 110 mil homens; 2) modelo de educação militar norte-americano (MAEDA, 1995).

A criação de novas instituições militares no Japão foi bem vista pelos Estados Unidos, pois o Japão era um elemento essencial para a Doutrina de Contenção na Ásia. A partir da criação das Forças de Segurança Nacional em 1952, o Japão começou a equipar-se, por meio de acordos com os EUA, com materiais pesados, como tanques M4, Caças L-16 e L20, Fragatas Tacoma etc. Em 1953, os Estados Unidos começaram a pressionar ainda mais a remilitarização do Japão e propuseram um novo sistema de parceria com o país baseado na lei *Mutual Security Assurance (MSA)* de 1951.[4]

Por meio do MSA, os EUA ofereceram ajuda financeira para o Japão em troca da expansão de suas Forças de Segurança Nacional de 110 mil homens para um exército de 350 mil homens (PYLE, 2007, p. 234). Inicialmente o Japão não aceitou a proposta, alegando que a Constituição não permitiria o aumento proposto pelos Estados Unidos, mas não havia nada na Constituição que mencionasse números. Mas a pressão norte-americana fez com que Yoshida adotasse novamente a política de crescimento econômico. Para ele, essa pressão era uma

---

4   Com o MSA, os Estados Unidos ofereciam assistência financeira e exigiam participação ativa do receptor de recursos em alianças de defesa coletiva.

oportunidade ao comércio do Japão, porém ceder aos interesses americanos de militarização poderia criar a possibilidade de ter que enviar suas tropas ao exterior. Yoshida viu no MSA uma oportunidade de avanço econômico ao Japão. Os líderes das grandes empresas junto ao Ministério de Comércio Internacional e Indústria (MITI) acharam a solução para esse dilema na criação de indústrias exportadoras de armamentos: ao mesmo tempo em que estariam "fazendo sua parte" na aliança, estariam faturando e fazendo sua economia crescer (PYLE, 2007). Dessa maneira, Yoshida assegurava que novas tecnologias iriam chegar ao Japão, especialmente através da coprodução de armas norte-americanas.

Na primeira negociação entre os dois governos, os Estados Unidos propuseram que a Força de Segurança Nacional tivesse 325 mil membros na divisão terrestre; 13500 membros e 18 destróieres na divisão marítima; e 30 mil membros e 800 caças na divisão aérea. O representante japonês enviado por Yoshida, Hayato Ikeda, argumentava que o Japão não poderia se comprometer com as exigências por causa da Constituição. O representante dos Estados Unidos, Walter Robertson, chegou a questionar sobre uma revisão constitucional, o que estava fora de questão para Ikeda (MAEDA, 1995). A negociação terminou com a proposta de aumentar a divisão terrestre para 180 mil membros; a divisão marítima para 16555 membros; e a divisão aérea para 20700 membros. Em comunicado oficial emitido em 30 de outubro, foi decidido que o Japão aumentaria suas capacidades defensivas de acordo com seu ritmo econômico, a fim de substituir as tropas norte-americanas (MAEDA, 1995).

No mesmo período em que o MSA estava sendo negociado, havia discussões internas entre partidos sobre a questão da segurança do país. O partido que advogava por uma maior capacidade de defesa era o Partido Progressista, liderado por Shigemitsu Mamoru. Em setembro de 1953, Yoshida se reuniu com Shigemitsu, decidindo que as Forças de Segurança deveriam ser caracterizadas como Forças de Autodefesa a fim de evitar qualquer invasão no território. Em janeiro de 1954, Yoshida propôs ao Parlamento a criação da Agência de Defesa e de uma Força Aérea, que seria integrada à Força de Segurança Nacional, gerando as Forças de Autodefesa. No dia 2 de junho de 1954, as leis foram aprovadas, e em 1 de julho de 1954, a Agência de Defesa foi inaugurada.

Percebe-se que no período de criação das Forças de Autodefesa, o arquipélago buscou manter suas próprias capacidades defensivas, mas sem muito comprometimento com os Estados Unidos. Em 1952, Yoshida já afirmava que o Japão deveria incrementar suas forças defensivas acompanhando o seu crescimento econômico. E se o país quisesse rearmar-se, deveria ser feito por meio da aprovação popular (YOSHIDA, 1961).

OS ESTADOS UNIDOS E A SEGURANÇA DO JAPÃO

O primeiro vínculo formal existente entre os dois países no pós-guerra foi o "Tratado Bilateral de Segurança entre os Estados Unidos da América e o Japão", assinado em 8 de setembro de 1951. Apesar de os Estados Unidos já terem o território japonês à disposição para manter suas Forças militares, a aliança serviu para oficializar a continuidade do desarmamento japonês e a influência norte-americana na região.

O referido tratado contém cinco artigos e apresenta cinco importantes pontos: o Japão concede aos Estados Unidos o direito de manter suas Forças Armadas em seu território, nas três esferas (espaços terrestre, aéreo e marítimo); os norte-americanos esperam que o arquipélago aumente paulatinamente sua responsabilidade de defender-se contra agressões diretas e indiretas, porém sem rearmar-se; os Estados Unidos podem dar assistência em relação à segurança interna, acabando com distúrbios instigados por poderes estrangeiros; nenhum direito ou facilidade poderá ser concedido a terceiros sem a autorização dos Estados Unidos; o tratado não tem prazo determinado para expirar.

Em termos práticos, o tratado gerava garantias e direitos apenas aos Estados Unidos. No idioma inglês, o texto não prevê obrigação de proteger o arquipélago.[5] Nesse caso, a proteção contra ataques poderiam passar por um crivo de conveniência do governo norte-americano. Para Togo (2005), o tratado assinado pelos dois governos refletia a natureza subordinativa da relação entre os dois países na época da ocupação.

Nos primeiros cinco anos da assinatura do acordo, os Estados Unidos realizaram algumas tentativas de aumentar as capacidades defensivas do Japão, contudo, havia oposição interna frente à relação desigual entre os dois parceiros. Em 10 de dezembro de 1954, Yoshida renunciou e deixou a liderança do governo, sendo criticado pela falta de autonomia na política externa e pela importância máxima que deu à economia (PYLE, 2007, p. 237). Assumiu o poder Hatoyama Ichiro do Partido Democrático do Japão.

---

5 "*Such forces **may** be utilized to contribute to the maintenance of international peace and security in the Far East and to the security of Japan against armed attack*" (ênfase do autor).

Para o governo de Hatoyama, a mudança na relação desigual somente seria possível com a reforma do tratado. A primeira tentativa foi feita de forma informal em 1955, quando Shigemitsu Mamoru, o então Ministro dos Assuntos Estrangeiros do governo Hatoyama, propôs em uma conversa particular com John Dulles um tratado de defesa mútua. Dulles negou, afirmando que o Japão não estava preparado para assumir um acordo dessa proporção (TOGO, 2005, p. 56). Em novembro de 1955, o Partido Liberal de Yoshida e o Partido Democrático do Japão de Hatoyama se uniram e formaram o Partido Liberal Democrático (PLD), criando a "Coligação dos Conservadores". Após a saída de Hatoyama em dezembro de 1956, subiu ao poder Ishibashi Tanzan, um economista de setenta e dois anos que ficou no cargo apenas dois meses. Após sua saída, o recém criado PLD elegeu Kishi Nobusuke para liderar o governo, em fevereiro de 1957. Ele era um político que tinha grande apoio interno, cuja principal instrução para a política externa era de projetar o Japão com maior força nas relações internacionais. Era da ala nacionalista conservadora do PLD, que tinha ideias opostas às de Yoshida. Na agenda do governo, estavam também a revisão constitucional do Artigo 9º, a reforma do tratado de segurança com os Estados Unidos e o rearmamento.[6]

Kishi não era visto com desconfianças por Washington. "As visões econômicas do novo premiê, seu ódio pelos soviéticos, e (ao contrário de Yoshida e Hatoyama) seu

---

6 Kishi Nobusuke tentou desafiar a norma antimilitarista da sociedade japonesa. Tinha discurso a favor da posse de armas nucleares para a defesa do Japão. Iniciou o discurso de que as bombas nucleares são defensivas e não ferem a Constituição (HOOK *et al* 2005, p. 148). Segundo Lafeber (1998), Kishi cogitou restaurar a posição do Imperador de líder do Estado, porém sem sua divindade.

medo em se aproximar da China – sem mencionar seu amor por golfe –, fizeram-no bem visto em Washington de Eisenhower." (LAFEBER, 1998, p. 315). O primeiro plano relacionado à Política de Defesa do Japão ocorreu em maio de 1957, sob o governo Kishi. A "Política Básica para Defesa Nacional"[7] previa que a Defesa Nacional tivesse como propósito prevenir antecipadamente agressões diretas e indiretas, combatê-las se ocorrerem, e proteger a independência e a paz do Japão, baseando-se na Democracia. Nesse contexto, o Japão adotou a ideia de armar-se para fins defensivos, apenas, e formulou os grandes pilares de sua Política de Defesa, que são: 1) Apoiar a ONU, promovendo a cooperação internacional; 2) estabilizar o padrão de vida da população, incentivando o patriotismo e estabelecendo assim a base necessária para a segurança nacional; 3) criar uma eficiente capacidade defensiva dentro do limite necessário para autodefesa;[8] 4) utilizar-se dos acordos EUA-Japão para tratar assuntos de agressão externa até que a ONU esteja apta a assumir a função de parar tal agressão no futuro.

Segundo Samuels (2008), a motivação para criar uma Política de Defesa na década de 1950 era a ameaça soviética. Contudo, o autor afirma que os soviéticos nunca desenvolveram suas frotas para atacar ou invadir o arquipélago. Ao contrário do que se percebe no primeiro momento, a Política Básica para a Defesa Nacional não restringiu o desenvolvimento das Forças de Autodefesa. O terceiro e

---

7 Há inúmeras traduções do texto original. Utilizada a versão oficial da página da internet do Ministério da Defesa (10/01/2012). Verificar anexos.

8 É nesse sentido que surge o termo japonês *senshu boei*, ou forças para fins defensivos apenas.

o quarto princípio criaram uma condição propícia para o crescimento e expansão das Forças (MAEDA, 1995, p. 99). A abstratividade da linguagem utilizada deu ao governo uma margem de interpretação. "A intenção clara dos burocratas da Defesa era fazer com que os princípios ficassem o mais vago possível para dar-lhes latitude para interpretação posterior" (MAEDA, 1995).

Apesar de Kishi ser um político forte em seu partido, não teve apoio suficiente para aprovar todas as reformas que pretendia fazer. A ala de extrema esquerda do Partido Socialista do Japão (PSJ) estava no controle do partido e eram favoráveis à manutenção da Constituição de 1947 e a uma política externa neutra. Assim, o PSJ conseguiu apoio suficiente na Dieta para se opor aos conservadores, além de conseguir apoio popular contra a mudança do documento constitucional. Além da oposição do PSJ, segundo Pyle (2007), Yoshida contribuiu para que a nova política de Kishi fosse mal vista pelos Estados Unidos. Em 1956, o Japão normalizara suas relações com a União Soviética, e Yoshida utilizou esse cenário para aumentar as desconfianças sobre os resultados que a política externa "autônoma" geraria. Ao mesmo tempo em que Washington via utilidade no governo Kishi em rearmar o Japão, como vinha tentando, o governo japonês era visto com desconfianças em relação ao "caminho independente" (PYLE, 2007).[9]

Em junho de 1957, Kishi visitou os Estados Unidos e informou que a relação entre os dois países deveria ser revista, entrando em uma "nova era" (TOGO, 2005). No contexto, o governo de Eisenhower aceitou o pedido do Japão e decidiu

---

9   Segundo Lafeber (1998), as políticas reacionárias não foram maiores que o interesse norte-americano pelo anticomunismo do líder japonês.

revisar o tratado de 1951. Togo (2005) sugere alguns motivos pelos quais o governo norte-americano respeitou o pedido de Tóquio. Entre eles, os principais são: as relações com a União Soviética foram normalizadas em 1956; o país entrou na Organização das Nações Unidas; o tratado existente não refletia o status que o Japão estava construindo; havia movimentos contrários às bases norte-americanas no Japão. O novo tratado começou a ser discutido entre os dois governos em 1958. Nesse período, Kishi informou ao Embaixador norte-americano, Douglas MacArthur II, sobrinho do General MacArthur, que gostaria de criar um novo tratado, ao invés de revisar o existente (TOGO, 2005). No total foram 25 reuniões oficiais e o novo acordo, conhecido como Tratado de Cooperação Mútua e de Segurança, foi assinado em Washington no dia 19 de janeiro de 1960.

O novo documento resolveu praticamente todos os problemas encontrados na versão anterior. No artigo 5º, os Estados Unidos assumem a obrigação de defender o seu aliado contra qualquer ataque:

> Cada lado reconhece que um ataque armado contra qualquer uma das partes no território administrado pelo Japão será perigoso para sua própria paz e segurança e declara que irá agir para combater o perigo comum de acordo com as normas e processos constitucionais [...] (tradução do autor).[10]

---

10 "*Each Party recognizes that an armed attack against either Party in the territories under the administration of Japan would be dangerous to its own peace and safety and declares that it would act to meet the common danger in accordance with its constitutional provisions and processes. [...]*"

No mesmo artigo é possível ver que os dois lados moldaram esse artigo por meio de palavras-chave que permitissem a aprovação interna do tratado. O Japão utilizou o termo "normas constitucionais" referindo-se ao Artigo 9º, e os Estados Unidos utilizaram "processos constitucionais", dando importância à resolução do Senado, que requer autoajuda contínua e efetiva e cooperação mútua para que o país se envolvesse em acordos de segurança com outros países (TOGO, 2005).

No artigo 6º, o Japão cede autorização para que as Forças Armadas norte-americanas operem no território:

> Para o propósito de contribuir com a segurança do Japão e com a manutenção da paz e da segurança internacionais no Extremo Oriente, os Estados Unidos da América recebe o direito de utilizar suas forças terrestres, aéreas e navais e áreas no Japão [...] (tradução do autor).[11]

No dia 26 de fevereiro de 1960, foi questionado o que o termo "Extremo Oriente" significava no texto. Kishi afirmou que tal nome se referia à região Norte das Filipinas, às áreas em torno do Japão, incluindo a República da Coreia e Taiwan (LAFEBER, 1998).

Além das provisões acima, o Artigo 9º revoga o tratado anterior, e o Artigo 10º regulamenta a denúncia do presente acordo, sendo possível apenas 10 anos após a entrada em vigor e com um aviso prévio de uma das partes de um ano.

---

11 *"For the purpose of contributing to the security of Japan and the maintenance of international peace and security in the Far East, the United States of America is granted the use by its land, air and naval forces of facilities and areas in Japan. [...]"*

No mesmo dia foi assinado um acordo que versa sobre o status que as Forças Armadas norte-americanas teriam no Japão, a fim de completar o artigo 6º do Tratado de Cooperação Mútua e de Segurança. Contudo, o texto complementar não esclarecia todos os aspectos que regulamentavam a concessão do território japonês aos Estados Unidos. Assim, O Primeiro Ministro Kishi, no mesmo dia da assinatura, enviou uma mensagem ao Secretário de Estado Christian Herter informando que:

> As mudanças maiores no posicionamento de tropas norte-americanas no Japão, em seus equipamentos e o uso de instalações e áreas no Japão como bases de operações de combates militares a serem realizadas a partir do Japão [...] deverão estar sujeitas a consultas prévias com o governo do Japão. Apreciaria se vossa excelência confirmasse em nome de seu governo que esse é o entendimento do governo dos Estados Unidos da América. (tradução do autor).[12]

O Secretário de Estado Herter respondeu afirmando que esse era o mesmo entendimento do governo dos Estados Unidos. Esse foi um dos grandes ganhos do

---

12 "*Major changes in the deployment into Japan of United States armed forces, major changes in their equipment, and the use of facilities and areas in Japan as bases for military combat operations to be undertaken from Japan other than those conducted under Article V of the said Treaty, shall be the subjects of prior consultation with the Government of Japan. I should be appreciative if Your Excellency would confirm on behalf of your Government that this is also the understanding of the Government of the United States of America.*"

Japão no acordo, além de receber expressamente o comprometimento norte-americano com a segurança do arquipélago. A autorização anterior de intervenção em assuntos internos e a proibição de estender as concessões a outros Estados não apareceram no texto.

Segundo Togo (2005), havia a dúvida em relação ao que seriam as "mudanças maiores". Tal dúvida, explica o autor, foi sanada em uma conversa particular entre MacArthur II e Fujiyama Aiichirou, o Ministro dos Assuntos Estrangeiros. Tal termo se referia à introdução de material nuclear e de mísseis de médio e longo alcance e a construção de bases. (TOGO, 2005).

A desigualdade nas relações entre os dois países apenas mudou de lado: enquanto os Estados Unidos eram obrigados a protegerem o Japão em caso de ataques, este não poderia fazer o mesmo por seu aliado por ser proibido constitucionalmente. Para Kishi, o novo tratado era fundamental para garantir a segurança japonesa perante a ameaça comunista. Dessa forma, o país estaria protegido sob o guarda-chuva nuclear norte-americano (HOOK *et al* 2005, p. 148).

Apesar do sucesso do governo em rever a relação com os norte-americanos, a população não viu com bons olhos a iniciativa japonesa, pois o sentimento pacifista popular era muito forte por causa da guerra. Após a assinatura do tratado, o documento foi enviado ao Parlamento para apreciação e ratificação. Houve tumultos e manifestações populares em Tóquio, e a visita do presidente Eisenhower teve que ser cancelada. A oposição na Dieta e os manifestantes afirmavam que o país deveria assumir a identidade pacífica, adotar uma política de neutralidade e confiar na ONU (SAKAMOTO, 1959, *apud* HOOK *et al*, 2005). Enfim, o governo conseguiu ratificar o tratado em 20 de junho de 1960, não por apoio político, mas por uma brecha do processo legislativo: no dia 19 de junho, a Câmara dos Conselheiros (Câmara Alta) ratificou automaticamente o documento, pois a Constituição previa que o projeto de lei aprovado pela Câmara dos Representantes (Câmara Baixa) que não fosse apreciado pela outra casa viraria lei automaticamente. Os protestos populares e dos socialistas impediu que houvesse apreciação na segunda casa legislativa (LAFEBER, 1998). O novo acordo bilateral entrou em vigor no dia 23 de junho do mesmo ano. No dia 19 de julho, Kishi renunciou,[13] abrindo espaço para o retorno da tradicional Doutrina Yoshida, levada a cabo por seu sucessor, Ikeda Hayato.

O crescimento econômico e o retorno da Doutrina Yoshida

Entre as manifestações que levaram à queda de Kishi Nobusuke, o político *protégé* de Yoshida, Ikeda Hayato, assumiu a liderança do governo no dia 19 de julho de 1960. Seu plano político para acalmar a população era resgatar a Doutrina Yoshida, dando maior atenção ao crescimento econômico do país. Assim, aquele modelo político criado no imediato pós-guerra voltou a ser executado por meio do plano *Shotoku Baiso Keikaku* (*Income Doubling Plan*), que visava dobrar a receita nacional.

---

13 A ratificação gerou uma das maiores mobilizações nacionais do país. No dia 22 de junho de 1960, 6,2 milhões de trabalhadores entraram em greve. O medo era que Kishi se utilizasse das forças policiais e militares para impor um novo regime, uma vez que os protestos contra a aprovação do novo tratado eram respondidos com violência pelo Estado.

A ideia de revisar a Constituição foi abandonada por Ikeda. Em seu primeiro discurso diante do Parlamento no dia 21 de outubro de 1960, afirmou que esse tipo de debate somente seria realizado quando todos os problemas tivessem sido discutidos em todas as camadas e quando a população estivesse preparada para isso.[14] Nesse período, a diplomacia do Japão foi conduzida de acordo com a Constituição pós-guerra. Em assuntos de segurança, o país apresentava uma postura cuidadosa atendendo aos Estados Unidos, ao mesmo tempo em que seguia seus interesses econômicos (TADOKORO, 2009). No início da década de 1960, a opinião pública (cuja classe média crescia) e os movimentos partidários chegaram a um consenso de que o Japão deveria constituir um poder econômico.[15]

As relações com os Estados Unidos foram essenciais na política externa japonesa no governo Ikeda. Apesar de o contexto internacional representar ameaças à segurança do arquipélago, como a Crise dos Mísseis, o Japão gozava da proteção e da dissuasão nuclear estendida dos Estados Unidos. Dessa forma, foi possível dedicar todos os recursos à construção econômica do país, dedicando pouco para a defesa. Apesar de baixo, o investimento para as Forças de Autodefesa acompanhou o crescimento da economia. Na década, foram realizados dois Programas de Modernização da Defesa (1962-1966 e 1967-1971), tendo como objetivo

---

14 Discurso na 36ª Sessão Extraordinária da Dieta, em 21/10/1960.

15 Na década de 1960, os políticos conservadores nacionalistas que buscaram reformar a Constituição perderam a força. Os políticos pré-guerra, que tinham a mesma visão, começaram a deixar a vida política. Os socialistas pró-soviéticos e pró-chineses acabaram perdendo apoio por conta da divisão entre o comunismo chinês e o comunismo russo na década de 1960 (TADOKORO, 2009).

aumentar a defesa contra invasões por meios convencionais. Os equipamentos militares foram modernizados e o orçamento para esse fim subiu, no período de 10 anos, de 157 bilhões de ienes para 569 bilhões. O crescimento dos gastos para defesa não acompanhou proporcionalmente o crescimento da economia. No início, era dedicado 1,23% do PIB, porém no fim da década, apenas 0,79% era investido (TADOKORO, 2009). Em junho de 1961, o país adquiriu mísseis norte-americanos Nike e Hawk. Em 1964, o país alcançou a sexta posição na economia mundial. Nesse momento, o Japão emergia como um novo membro da comunidade internacional. Sua economia crescia a um rápido ritmo e foi nesse período que o país recebeu os Jogos Olímpicos de Verão de 1964. Foi um evento que simbolizou a entrada do país no clube dos países desenvolvidos. Ikeda buscou o desenvolvimento econômico atrelado ao bom relacionamento bilateral com os Estados Unidos no que se refere à segurança, dentro dos limites constitucionais. Nesse período, o país passou por disputas comerciais no âmbito da OMC e ingressou na OCDE.

A devolução de Okinawa

Na década de 1960, outro assunto que entrou na pauta da segurança entre os dois países foi a questão de Okinawa. Okinawa é um conjunto de ilhas ao sul do Japão, tendo sido domínio chinês durante o século XVII, sendo oficialmente tomado pelo Japão após a guerra contra China em 1894. No Tratado de Paz de São Francisco, as ilhas em questão foram colocadas sob administração norte-americana e viraram uma base militar deste país. No tratado de segurança de 1960, as ilhas foram excluídas do escopo de proteção dos Estados

Unidos, pois não estavam sob administração japonesa, conforme o texto explicitamente afirma.

Em novembro de 1964, Sato Eisaku assumiu o poder como Primeiro Ministro e estava determinado a resolver os últimos vestígios da Guerra do Pacífico, onde estava incluso Okinawa. Sato foi o primeiro premiê a visitar as ilhas e lá declarou: "Se Okinawa não for retornado, o período pós-guerra nunca terminará para o Japão." (TOGO, 2005). A população local tampouco estava contente com a presença estrangeira, e o governo norte-americano estava ciente disso. Assim, em novembro de 1967, Sato visitou Washington, e em comunicado conjunto com o presidente Lyndon Johnson, expressou a vontade do governo japonês pelo retorno da ilha "dentro de poucos anos", o que foi compreendido pelo governo norte-americano.

O grande problema a ser resolvido antes do retorno era a questão do arsenal nuclear declarado que os Estados Unidos possuíam na ilha. Ela não poderia ser recolocada sob administração japonesa com tais tipos de armamentos. Os Estados Unidos, inicialmente, não queriam perder o controle, pois o local apresentava grande importância geográfica, principalmente após o envolvimento norte-americano no Vietnã. O pacifismo japonês seria um problema aos Estados Unidos por conta das armas nucleares lá instaladas. O governo japonês desenvolveu, então, um plano alternativo para o retorno, pois Washington somente entregaria Okinawa caso não frustrasse a estratégia norte-americana na região.

Ainda em 1965, os Estados Unidos iniciaram a Guerra do Vietnã e esperaram cooperação do Japão. O governo de Sato enfrentou, nesse momento, pressões internas e externas. A ajuda que o país poderia oferecer no conflito era a prevista em tratado, ou seja, oferecendo bases militares. Nenhuma ajuda militar poderia ser diretamente oferecida. Apesar do auxílio não ter sido direto e completo (*full-scale assistance*), a população japonesa pressionou o governo para aumentar as restrições em torno do papel militar do Japão e das Forças norte-americanas em seu território. Em abril de 1967, o Parlamento aprovou uma lei que proibia a venda de armamentos a países comunistas, a países em conflito, e a países próximos a entrar em conflitos (HOOK *et al*, 2012, p. 132). Em janeiro de 1968, Sato afirmou publicamente no Parlamento que o país iria seguir os "três princípios antinucleares": não produzir, não possuir e não permitir a introdução de armas nucleares em seu território.[16] A partir desse momento, Okinawa não poderia ser retornada contendo uma base militar norte-americana com armas nucleares. Isso aumentou ainda mais o receio de Washington perante a devolução.

Apesar de apresentar desconfianças e receios, os norte-americanos deram chances à negociação. Togo (2005) afirma que o governo norte-americano aceitou discutir o assunto por conta da situação internacional no final daquela década: o declínio político e econômico relativo dos Estados Unidos, as dificuldades dos EUA no Vietnã, e a Doutrina Guam, que mais tarde foi nomeada Doutrina Nixon. Aquele conjunto de ilhas seria devolvido como um símbolo de transferência de responsabilidade pela região. "O retorno de Okinawa poderia ser alcançado, desde que não enfraquecesse a função militar das ilhas" (TOGO, 2005).

---

16 Sato formou uma linha de quatro princípios gerais antinucleares: respeito aos três princípios antinucleares, promoção do desarmamento, confiança na aliança EUA-Japão e promoção do uso pacífico da energia nuclear.

Em 1969, durante a visita de Sato a Washington, os dois governos concordaram que as ilhas seriam devolvidas em 1972 na mesma condição das outras ilhas, ou seja, sem o arsenal nuclear. Tadokoro (2009) afirma que, na realidade, o que motivou Washington a comprometer-se de fato nessa ocasião foi a situação interna de Okinawa. Em 1968, Yara Chobyo, uma política que lutava pelo retorno imediato, foi eleita governadora. Segundo o autor,

> havia uma grande preocupação que, caso a situação política de Okinawa permanecesse sem solução, não apenas o uso das bases seria impossível, mas também o tratado de segurança EUA-Japão estaria em risco, uma vez que qualquer um dos lados poderia, em 1970, anunciar sua intenção de retirar-se após 10 anos de existência. (TADOKORO, 2009).

O ponto de discórdia entre os dois governos foi o terceiro princípio antinuclear de "não permitir a introdução". Segundo Tadokoro (2009), o acordo foi alcançado, pois cada lado tinha sua interpretação em cima dos princípios.

> A interpretação norte-americana foi de que "não permitir a introdução" significava que tais armas não poderiam ser introduzidas em bases fixas, mas o trânsito delas em navios em portos japoneses e em aviões militares no Japão era permitido. O governo japonês explicou à população os três princípios, afirmando que essas armas não seriam instaladas no país ou transitadas por ele. (TADOKORO, 2009)

Em comunicado conjunto de Sato e Nixon do dia 21 de novembro de 1969, foi informado que após o retorno de Okinawa, o Tratado de Segurança de 1960 seria aplicado ao local. Além disso, no comunicado, aparecem outros três importantes pontos: a cláusula coreana, em que o Primeiro Ministro afirma que a segurança da República da Coreia era essencial para a própria segurança do Japão; a Cláusula de Taiwan, em que o Primeiro Ministro afirma que a manutenção da paz e da segurança da área de Taiwan era também um fator importante de segurança do Japão. E por fim, os dois governos decidiram que

> se a paz no Vietnã não for alcançada até a data do retorno de Okinawa, os dois governos irão consultar-se na luz da situação para que o retorno seja concluído sem afetar os esforços dos Estados Unidos para garantir ao povo sul-vietnamita a oportunidade de determinar seu próprio futuro político sem intervenções externas.

Segundo Togo (2005), essa cláusula serviu para inserir o retorno das ilhas no contexto da situação precária no Vietnã.

Em relação ao caso das armas nucleares, segundo Todokoro (2009), o acordo somente pôde ser alcançado por meio da política de não confirmar e não negar (*neither confirming nor denying*) a existência de armas nucleares. No comunicado conjunto, o parágrafo oitavo prevê:

> O Primeiro-Ministro descreveu em detalhes o sentimento particular do povo japonês contra as armas nucleares e a política do governo japonês que reflete esse sentimento. O presidente expressou seu entendimento e assegurou ao

Primeiro-Ministro que, sem prejuízo à posição do governo dos Estados Unidos a respeito da consulta prévia sob o Tratado de Cooperação Mútua e de Segurança, o retorno de Okinawa ocorrerá de maneira consistente com a política do governo japonês, conforme descrito pelo Primeiro-Ministro. (tradução do autor)[17]

Nesse parágrafo citado, é possível interpretar que o governo norte-americano reconhece e respeita os três princípios antinucleares ("a política do governo japonês que reflete esse sentimento") e que não haverá nenhum arsenal nuclear quando Okinawa for devolvido ("ocorrerá de maneira consistente com a política do governo japonês"). Entretanto, Togo (2005) interpreta que, apesar dos três princípios, Washington reserva-se o direito de fazer consultas prévias em torno do assunto, mostrando certa expectativa. O autor afirma que esse assunto foi ignorado pelas partes, mostrando um alto nível de confiança entre si, que foi moldado pelo mecanismo de "consulta prévia", que nunca foi utilizado. O tratado do retorno de Okinawa foi assinado em 17 de junho de 1971, entrando em vigor em 15 de maio de 1972.

Em 2010, a mídia japonesa veio à tona com documentos secretos que, supostamente, revelam que havia acordos secretos sob o caso de Okinawa. No meio das informações,

---

17 "*The Prime Minister described in detail the particular sentiment of the Japanese people against nuclear weapons and the policy of the Japanese Government reflecting such sentiment. The President expressed his deep understanding and assured the Prime Minister that, without prejudice to the position of the United States Government with respect to the prior consultation system under the Treaty of Mutual Cooperation and Security, the reversion of Okinawa would be carried out in a manner consistent with the policy of the Japanese Government as described by the Prime Minister.*"

há relatos que afirmam que navios norte-americanos com armas nucleares eram secretamente autorizados a utilizar os portos japoneses. Além disso, documentos mostram que o Japão concordou em pagar uma alta soma em dinheiro para a devolução das ilhas. O governo japonês não confirmou a veracidade de todas as informações reveladas, portanto, até o momento, são apenas especulações.[18]

Há, da mesma maneira, versões que dão como motivos para o retorno das ilhas as disputas entre as indústrias têxteis. Nixon, ao concorrer à presidência, havia prometido aos produtores de tecidos que conteria a importação de produtos japoneses, que prejudicavam a indústria local. Concordando em restringir a exportação, Sato conseguiu o retorno de Okinawa. Contudo, em 2011, foram revelados pela mídia alguns documentos que comprovam a existência dos acordos em relação à indústria têxtil. Segundo o Jornal "The Japan Times", em reportagem do dia 23 de dezembro de 2011, Sato não concordou em aplicar todas as restrições que Washington demandava em 1969, apesar de ter aceitado em primeiro momento. As negociações foram congeladas e somente avançaram em 1971, coincidentemente no ano em que foi assinado o tratado de devolução, quando o Ministro das Finanças, Kakuei Tanaka, aceitou as demandas norte-americanas.

A RECRIAÇÃO DA INDÚSTRIA DE DEFESA

A indústria de defesa foi recriada por meio de um processo que teve início no período da Ocupação e constituiu um

---

18 Segundo Lafeber (1998), o governo de Kishi Nobusuke, por meio de um acordo verbal em 1960, já havia autorizado os Estados Unidos a transportar livremente armas nucleares pelo Japão. A fonte dessa informação seria Edwin Reischauer (1981), embaixador norte-americano em Tóquio.

processo contraditório por parte dos Estados Unidos. Esse ramo foi o responsável pela grande entrada de dinheiro no país no início da década de 1950 por conta da Guerra da Coreia.

Na Ocupação, as indústrias de armamentos foram proibidas de funcionar, e muitas delas foram desmembradas ou fechadas (caso dos *zaibatsu*). As pequenas indústrias que restaram foram responsáveis por produzirem materiais diversos para guerras, que não fossem armamentos. Apesar de proibidos, a urgência na Guerra da Coreia fez com que os Estados Unidos começassem a solicitar tais tipos de materiais às indústrias japonesas. Assim, a estrutura do imediato pós-guerra ditada pelos Aliados começou a ser paulatinamente modificada de acordo com os interesses norte-americanos.

Em outubro de 1951, o Conselho de Cooperação Tecnológica foi criado para atender às solicitações norte-americanas. Contudo, em março de 1952, o Comando General autorizou a produção de armas e aviões. Em agosto do mesmo ano, após a retomada da soberania pelo governo japonês, a Federação das Organizações Econômicas (*Keidanren*) criou o Comitê de Produção de Materiais de Defesa, legitimando assim a crescente Indústria de Defesa do Japão.

Entre 1952 e 1953, leis foram criadas para a produção de armas e aviões. Em 1953, o Comitê de Produção de Materiais de Defesa propôs um plano de rearmamento que teria a duração de seis anos (1953-1958) com um custo total de 2,894.2 ienes. Segundo a Federação, o país só poderia arcar com 56% e o restante seria esperado dos Estados Unidos (MAEDA, 1995). O plano foi apresentado aos Estados Unidos, mas não foi aceito e tornou-se inviável.

Como alternativa, foi aprovado pela Dieta em junho de 1957 um plano de aparelhamento militar, aumentando modestamente o número de tropas, aeronaves e navios. O ponto principal era a solicitação da expansão da Indústria de Defesa na pesquisa, no desenvolvimento e na fabricação de novas armas dentro do limite constitucional a fim de promover qualitativamente a força defensiva do país. No mesmo ano, a Agência de Defesa ultrapassou os Estados Unidos em compras militares.

Em 1958, foi aprovado o Primeiro Plano de Modernização de Defesa que legitimou a produção nacional e o fortalecimento da indústria. Até 1971, foram realizados mais dois Planos de Modernização Militar, tendo como objetivo acelerar o processo criado pelo primeiro Plano: em 1958, apenas cinquenta por cento dos produtos demandados eram japoneses. Em 1970, a produção nacional passou de noventa por cento da demanda (MAEDA, 1995). A política do governo Ikeda (1960) de dobrar a receita nacional (*income doubling*) pôde ser comprovada pela Indústria de Defesa.

É importante lembrar que, nesse período, os grandes *zaibatsu*, desmembrados por MacArthur, reestruturaram-se de forma semelhante ao período pré-guerra. O maior exemplo era a *Mitsubishi Heavy Industries (Mitsubishi Jūkōgyō Kabushiki-kaisha)*, que foi dissolvida em três durante a ocupação e mudou de nome. Na década de 1950, reconstruiu seu parque industrial e assumiu a fabricação de aeronaves para as Forças de Autodefesa. Em 1960, houve a fusão das três divisões, e a empresa adotou seu nome original, tornando-se o maior fornecedor de aeronaves ao Estado. A economia do país que se dizia "desmilitarizado" estava se reestruturando com fundamental apoio da Indústria de Defesa.

O PROGRAMA NUCLEAR

A temática das armas nucleares é um assunto tido como sombrio nos debates de Defesa do país por conta das recentes documentações que aumentam as suspeitas de que o Japão cogitou seriamente possuí-las e/ou as possuiu em seu território sob a responsabilidade norte-americana, apesar do pacifismo adotado nos discursos. Além disso, muito se debate sobre a constitucionalidade desse tipo de armamento, uma vez que podem ser empregadas para fins defensivos (dissuasão).

O programa nuclear japonês no pós-guerra teve início na década de 1950, tendo como objetivo a pesquisa e o desenvolvimento de plantas nucleares. Em 1954, foi aprovada na Dieta a primeira lei que destinou 230 milhões de ienes para os estudos sobre a energia nuclear. No dia 19 de dezembro de 1955, foi aprovado o Ato Básico de Energia Atômica, que definiu como seria o programa nuclear japonês. O capítulo primeiro (provisões gerais) da lei trazia a seguinte informação:

> Propósito
> Artigo 1º – O propósito desse Ato é de garantir fontes de energia no futuro e de lograr o progresso de ciência e tecnologia e a promoção de indústrias ao encorajar a pesquisa, o desenvolvimento e a utilização de energia nuclear, e assim, contribuir à melhora do bem estar da sociedade e do padrão de vida nacional.
>
> Política Básica
> Artigo 2º – A pesquisa, o desenvolvimento e a utilização de energia nuclear devem estar

limitados a fins pacíficos, devendo garantir segurança e estar independentemente sob administração democrática, e os resultados devem ser de domínio público para assim aumentar a cooperação internacional. (tradução do autor)[19]

Nessa lei foi prevista a criação da Comissão de Energia Atômica e da Comissão de Segurança Nuclear, que foram regulamentadas pela lei número 188 do mesmo dia. A primeira foi criada com o objetivo de administrar todos os assuntos relacionados à pesquisa, ao desenvolvimento e ao uso de energia nuclear. A segunda foi criada com a função de administrar matérias relacionadas à segurança das atividades da primeira. O primeiro reator foi importado do Reino Unido e iniciou suas atividades em 1963.

Segundo Cumin e Joubert (2003), o Programa Nuclear Japonês durante a Guerra Fria teve diversos momentos: A década de 1950 foi dedicada para a pesquisa e para os acordos de cooperação com os Estados Unidos, de onde vinha a assistência tecnológica. Os anos 1960 foram marcados pela aquisição de tecnologias aplicadas de base, e os anos 1970 e 1980 representaram a segurança e a rentabilização do poder eletro-nuclear.

A motivação para a criação do programa nuclear era, inicialmente, a falta de recursos naturais e energéticos no território japonês. No período em que a lei foi aprovada, Hatoyama Ichiro era o primeiro ministro, seguindo os

---

19 "devendo garantir a segurança" se refere no termo da língua inglesa *"shall aim at ensuring safety"*, não tendo relações com a defesa nacional ou segurança internacional.

passos de Yoshida na reconstrução econômica. Para esse fim, a energia era fundamental.

Kishi Nobusuke, apesar do Ato Básico de Energia Atômica de 1955, alegou dois anos mais tarde perante a Dieta, que a Constituição não proibia armas nucleares por não haver menção direta a elas, que poderiam ser mantidas para fins dissuasórios e defensivos. Com essa ideia, Kishi nomeou Nakasone Yasuhiro como presidente da Comissão de Energia Atômica e como diretor da Agência de Ciência e Tecnologia, que foi criado em 1956. Nakasone era um político a favor do desenvolvimento de energia nuclear, e alguns anos mais tarde, mostrou-se a favor da posse de armas nucleares.

Contudo, apesar dos esforços de Kishi, a energia nuclear com fins não pacíficos apenas entrou na pauta da política interna e externa na década de 1960. A Crise dos Mísseis e o teste nuclear chinês em 1964 incentivaram os debates e questionamentos em relação à importância de o país desenvolver seus próprios meios dissuasivos nucleares.

Quando o Primeiro-Ministro Sato Eisaku assumiu o governo em 1964, apoiava a opinião do secretário geral do PLD, Fukuda Takeo, de que a maioria dos políticos do PLD deveriam se livrar da "alergia nuclear" (SOLLINGEN, 2007). Sua opinião mudou ao anunciar os três princípios antinucleares alguns anos mais tarde. Em conversa com o presidente Lyndon Johnson em janeiro de 1965, Sato afirmou que o Japão deveria ter armas nucleares, uma vez que os chineses comunistas as tinham.

Após a proposta do Tratado de Não Proliferação (TNP) em 1968, Sato ordenou que fosse realizado um estudo secreto sobre a possibilidade de o país desenvolver seus próprios arsenais. O resultado obtido indicou que era tecnologicamente viável a produção japonesa de tais artefatos, entretanto, não seria uma escolha política viável por conta da opinião pública e a internacional (PYLE, 2007, p. 251). Em 1969, um documento interno do Ministério dos Assuntos Estrangeiros afirmou que o país, naquele momento, iria manter a política de não possuir armas nucleares, mas apesar de aderir ou não ao TNP, iria manter potencial econômico e técnico para a produção. Em outubro de 1970, Sato discursou na Assembleia Geral da ONU e afirmou que seu país não tinha intenções de se tornar uma potência militar, mas que isso não o descaracterizava de ser uma potência.

O Japão assinou o Tratado de Não Proliferação Nuclear (TNP) em fevereiro de 1970 e o ratificou somente em 1976. Antes de ratificar o tratado, gerou-se um grande debate entre os partidos e também dentro do PLD, em que havia políticos que pregavam a importância das armas nucleares na defesa do país, outros que rejeitavam o TNP a fim de buscar o desarmamento nuclear universal e outros que eram a favor (SOLINGEN, 2007).

Com a assinatura do TNP, o país pôde desenvolver sua indústria energética nuclear, incentivando ainda mais o crescimento da economia. Contudo, em 1970, o diretor geral da Agência Japonesa de Defesa (JDA) nomeado por Sato, Nakasone Yasuhiro (Ex-Diretor da Agência de Ciência e Tecnologia no governo Kishi), solicitou um estudo sobre a possibilidade de um Japão "nuclear". Foi estimado que o arquipélago poderia armar-se em 5 anos com um custo de USD 555 milhões na época, apesar de faltarem lugares para testes. Com isso, Nakasone declarou que era contra a nuclearização japonesa, porém, se o país se retirasse do guarda-chuva norte-americano, talvez fosse necessário considerar várias opções, inclusive as armas nucleares (SOLINGEN, 2007).

Em janeiro de 1972, ao encontrar-se com Sato, o presidente Nixon alertou ao Japão que teria que fazer uma escolha: ou desenvolver seu próprio poder dissuasivo não agradando a seus vizinhos que possuem armas nucleares, ou seguir os EUA. Sato informou que a Dieta havia aceitado e adotado os três princípios antinucleares de forma unânime, e que o país não tinha outro recurso, senão recorrer aos EUA (SOLINGEN, 2007). Segundo Solingen (2007), o principal interesse de Sato era fazer com que as armas nucleares norte-americanas fossem retiradas de Okinawa, respeitando os princípios antinucleares, para que assim a Dieta aprovasse o tratado do retorno das ilhas. O autor afirma que o governo Nixon estava preocupado com a possível nuclearização japonesa, entretanto, havia rumores de que um Japão nuclear poderia ser útil à estratégia norte-americana na região.

Na década de 1970, após assinar e ratificar o TNP, o arquipélago abandonou a possibilidade de optar pela posse direta de armas nucleares. Contudo, no período da Guerra Fria, o país contou com a proteção norte-americana, inclusive, permitindo secretamente a entrada de artefatos nucleares em seu território. Entre os três princípios antinucleares (não produzir, não possuir e não permitir a introdução em seu território), apenas os dois primeiros foram válidos.

O INGRESSO DO JAPÃO NA ORGANIZAÇÃO DAS NAÇÕES UNIDAS

As organizações internacionais representaram, ao longo do período estudado, uma útil ferramenta para a projeção internacional pacífica[20] do Japão. Por meio delas, o país conseguiu incluir-se de fato na comunidade internacional e utilizou-se delas para criar a sua identidade de potência econômica e responsável com a segurança regional e mundial. A política externa japonesa, desde meados de 1950, tinha como pilar principal a cooperação com a Organização das Nações Unidas, estando ela presente em diversos discursos, políticas e tratados bilaterais, como por exemplo, o Tratado de Cooperação e de Segurança com os Estados Unidos de 1960 e o *Esboço do Programa de Defesa Nacional* (sigla NDPO, em inglês) de 1976, conforme será visto adiante.

A Organização das Nações Unidas, desde o fim da Segunda Guerra Mundial, fez parte da política externa japonesa para a restauração do status e do prestígio do país. Quando Yoshida discursava a favor da Constituição da Paz, afirmava que o Artigo 9º seria útil para fazer do país um ator de liderança na organização internacional da paz, a ONU. (PAN, 2006).

Mesmo com o fim da ocupação, o Japão não estava "elegível" para conseguir um assento dentro da organização como membro efetivo. Como a URSS, membro do Conselho de Segurança, não participou da Conferência de São Francisco, a que devolveu a soberania ao arquipélago e restaurava relações diplomáticas com os Aliados, sua entrada

---

20 Utilizo o termo "pacífica" para contrastar com a inserção realizada no período do Império Nipônico, em que a principal via, senão a única, era a militar.

foi impossibilitada. Ainda no momento de negociação do acordo de paz, o Ministério de Assuntos Estrangeiros (MOFA) realizou uma pesquisa para verificar a possibilidade de o país integrar a Organização. Os resultados foram desencorajadores, uma vez que o confronto Leste-Oeste travara o órgão e poucos Estados foram admitidos. De 1945 até 1951, vinte e quatro nações pediram associação, mas apenas nove foram aprovadas pelo Conselho de Segurança (PAN, 2006). Desde 1949, os Estados Unidos e a União Soviética tentavam acordos em torno da admissão de novos membros. Cada lado tentava negociar o ingresso de países de seu bloco. Nesse sentido, em 1952, o MOFA enviou um pedido ao Departamento de Estado para que o Japão fosse incluído nas negociações. O governo norte-americano não aceitou, pois teria que aprovar juntamente novos Estados da esfera comunista. Assim, em setembro de 1952, após o retorno das votações para novos membros, a URSS vetou a entrada do Japão na organização.

Diante do veto soviético e do pessimismo em torno de alguma mudança, Washington, uma semana após a recusa ao Japão, sugeriu que a entrada de seu parceiro somente seria possível como "membro associado", ou seja, poderia participar das discussões, mas sem direito de voto como um membro pleno. Dessa maneira, a entrada do arquipélago não passaria pela decisão do Conselho de Segurança (CS), apenas da Assembleia Geral (AG).

A proposta norte-americana gerou grandes divisões internas no governo japonês. Em 1953, o MOFA estava dividido. Havia a ala daqueles que acreditavam que a entrada do país estava condicionada ao "tudo ou nada", pois dessa forma seria tratado como um país de segunda classe, tendo

como principal representante o Vice-Ministro dos Assuntos
Estrangeiros, Okumura Katsuzo; e aqueles que achavam que
a proposta apresentada era "melhor que nada" (PAN, 2006).
Em agosto do mesmo ano, em reunião com Yoshida, Dulles
pediu que reconsiderasse a entrada como um membro associado.
Diante das diferentes opiniões, o governo japonês
decidiu não dar continuidade a essa ideia.

Em 1955, já no governo de Hatoyama, novas oportunidades surgiram para a entrada do país na organização.
Em primeiro lugar, a participação do Japão na Conferência
de Bandung, em abril de 1955, fez com que fosse incluso
no pacote *"Bandung Seven"* junto com outros seis países:
Camboja, Ceilão, Jordânia, Laos, Líbia e Nepal. Os Estados
participantes de Bandung acreditavam que a conferência iria
mudar as relações internacionais e que os soviéticos não poderiam se opor. No mesmo ano, durante a Conferência da
ONU em São Francisco, o MOFA tentou persuadir delegações
a fim de tornar a sociedade universal e foi apoiado por 29
Estados, sendo eles a maioria de Bandung (KURUSU, 2008).

No mesmo ano o Canadá apresentou na Assembleia Geral
uma proposta de admissão de 17 novos membros, incluindo aqueles de Bandung. Em primeiro momento, o governo
britânico relutou em aceitar a proposta por conta de Ceilão,
mas no final de agosto, deu seu apoio. Em outubro, o grupo
aumentou para 18 membros com a entrada da Espanha de
Franco. Com grande apoio, a Assembleia Geral encaminhou
o assunto ao Conselho de Segurança para aprovação.

A reação norte-americana à proposta do Canadá foi imediata. Inicialmente os norte-americanos decidiram apoiar
o grupo de Bandung, e se dividia entre a opção canadense: para o *Bureau of Far Eastern Affairs and North Eastern*

Asia, era uma política inaceitável, pois novos satélites soviéticos entrariam e pressionariam a volta da representação comunista na delegação Chinesa, que estava sob Taiwan. Já para o *International Organizations Affairs Office (IOA)* e o *Bureau of European Affairs,* era uma escolha viável, pois os novos membros trariam maior estabilidade à Organização, com exceção da Mongólia, que era vista como um fantoche soviético e não como um Estado independente. A dificuldade dos EUA era que a exclusão de um membro poderia frustrar a entrada de todos os 18 candidatos (KURUSU, 2008).

A Mongólia foi o grande ponto de discórdia nas discussões envolvendo os Estados Unidos. Após discussões entre Dulles e Vyacheslav Molotov, ministro das relações exteriores soviético em novembro de 1955, ficou entendido que a União Soviética estaria disposta a aceitar o Japão e a Espanha, desde que a Mongólia fosse aceita. Washington receava que sua imagem perante a comunidade internacional fosse afetada pelos entraves perante a Mongólia, o que poderia afetar todos os países que almejavam o ingresso. A solução encontrada por Dulles foi que não iriam vetar os satélites soviéticos, mas iriam abster-se, dificultando a aprovação, ato que foi criticado pelos soviéticos (KURUSU, 2008).

Outro desafio a ser superado pelos Estados Unidos foi a questão do veto chinês. Na época, a China era representada por Taipei, que tinha a intenção inquestionável de vetar a entrada da Mongólia, pois era vista como um território chinês perdido,[21] além de ser um ato de prestígio nacional (KURUSU, 2008). Dulles tentou o máximo para evitar

---

21 Chiang tinha reconhecido a independência da Mongólia em 1946 quando liderava a China, mas quando foi exilado em Taiwan em 1949, mudou sua posição.

o cenário de veto. De acordo com a visão de Washington, esse ato apenas enfraqueceria sua posição e sua legitimidade perante outros Estados da ONU. Para o representante norte-americano na ONU, Henry Lodge, um satélite soviético não era muito para a Organização, mas isso não significava que o aceitava plenamente. Nessa altura, a URSS informava que aprovaria a entrada como um lote, ou seja, todos ou nenhum. E ainda, afirmou que se a Mongólia fosse vetada, os soviéticos vetariam a Espanha (KURUSU, 2008).

No dia 10 de dezembro de 1955, o Conselho de Segurança começou a deliberar sobre os novos membros. As votações tiveram início no dia 13 de dezembro. Taipei fez conforme o anunciado previamente e vetou a Mongólia, o que causou reação da URSS, que vetou treze Estados pró ocidente. Alguns Estados se abstiveram, e nenhum membro novo foi aceito. No dia seguinte, os soviéticos convocaram um encontro urgente do CS, afirmando que iria retirar seus vetos anteriores. Apresentaram também uma nova proposta com 16 membros, sem o Japão e a Mongólia. Durante a reunião, os Estados Unidos incluíram o Japão no novo plano, mas foi vetado pela URSS. Então, os soviéticos tentaram incluí-lo juntamente com a Mongólia, o que não foi aceito por conta de dez abstenções. Na votação do pacote original de dezesseis membros, a China (Taiwan), os Estados Unidos e a Bélgica se abstiveram, aprovando a recomendação do CS, pois não houve votos contrários. No dia 14 de dezembro a Assembleia Geral aprovou a entrada de dezesseis novos membros, ficando o Japão e a Mongólia de fora. Nesse dia, o embaixador japonês Toshikazu Kase afirmou que este era "o pior dia de sua vida". A "derrota japonesa" gerou grande repercussão interna, fazendo com que a oposição na Dieta iniciasse uma moção de censura contra Shigemitsu Mamoru, o Ministro dos Assuntos Estrangeiros, mas não houve sucesso por falta de apoio.

A delegação japonesa acreditava que seus aliados o haviam traído. Inicialmente, a recusa soviética era a Espanha, mas como esse país era apoiado pelos latino-americanos, que poderiam posicionar-se contra os Estados do Leste Europeu na Assembleia Geral, o Japão virou o alvo, pois não tinha com quem contar, além dos Estados Unidos. É importante citar que, nesse tempo, as negociações sobre um acordo de paz entre Tóquio e Moscou estavam passando por maus momentos, assim, a ONU seria uma "carta na manga" soviética (PAN, 2006).

Outra forma possível para integrar a organização era de manifestar sua candidatura de forma independente, como fez o Sudão em 1956. Tóquio estava ciente que qualquer opção diferente dos "pacotes" seria válida, pois não teria que se unir a Mongólia e receber o veto dos nacionalistas chineses. Ainda, os soviéticos apenas votariam o caso do Japão se fosse em conjunto com a Mongólia (PAN, 2006). Uma alternativa seria o grupo dos Estados Afro-Asiáticos na ONU.

Em 1956, o MOFA começou a se aproximar dos membros da *Commonwealth* a fim de conseguir apoio à sua causa. Em julho do mesmo ano, os membros decidiram apoiar unanimemente o Japão. O Embaixador Kase conseguiu apoio dentro do Grupo dos Afro-Asiáticos (AA) na ONU, apesar da oposição indiana. A Turquia, um importante membro afro-asiático posicionou-se a favor. No dia 24 de julho, os membros AA decidiram que iriam apoiar a candidatura de Tóquio, sem levar em consideração as negociações entre Japão e URSS (PAN, 2006).

Em relação às negociações com os soviéticos, Tóquio percebeu que sua aceitação na organização somente seria possível com o aval da URSS. Em julho de 1956, Shigemitsu foi enviado a Moscou para reiniciar as conversas, que estavam congeladas devido às demandas territoriais de Tóquio. Essa visita não rendeu os frutos esperados, pois não houve concessões. No mesmo ano, o primeiro ministro Hatoyama decidiu agir diretamente sob a "fórmula Adenauer" (suspender as disputas territoriais e garantir a normalização): enviou uma carta ao Chefe do Conselho de Ministros da URSS, Nikolai Bulganin, informando que o apoio soviético seria uma condição para a normalização entre os dois países. Bulganin aceitou após dois dias (KURUSU, 2008).

Após uma semana de negociação, os dois governos publicaram uma declaração conjunta no dia 19 de outubro de 1956 a fim de restaurar suas relações diplomáticas. O parágrafo 4º afirmava que a URSS apoiaria a candidatura do Japão nas Nações Unidas. Não havia, contudo, a garantia de que o apoio seria incondicional, podendo Bulganin querer inserir novamente a Mongólia.

No dia 12 de dezembro de 1956, o Peru enviou ao Conselho de Segurança um pedido para a aprovação do Japão como novo membro. Conforme acordado, a delegação soviética apoiou a entrada, que foi recomendada e aprovada com unanimidade. Para Shigemitsu e outros políticos, esse momento colocou o Japão de volta à comunidade internacional.

capítulo 4
JAPÃO:
NOVA POTÊNCIA ECONÔMICA

ENTRE O FINAL DA DÉCADA DE 1960 e o início da próxima, o Japão já atingia um PIB superior ao da França e do Reino Unido somados (KENNEDY, 1989). A sua política externa continuou com os limites impostos pela Doutrina Yoshida. Com sua economia fortalecida e com recursos disponíveis, o país começou a investir em seus vizinhos, principalmente no Sudeste Asiático. A projeção internacional do país, nesse período, foi baseada na saída de recursos para o desenvolvimento de seus vizinhos. É nesse período que a Ajuda Oficial para o Desenvolvimento (sigla ODA, em inglês) ganha força e torna-se um pilar da política externa japonesa. Segundo Sudo (2002), a ODA é a única opção diplomática que o país tem diante de um sistema internacional que demanda maior participação japonesa de acordo com sua economia. Na década de 1970, o país começou a desenvolver sua política externa como uma grande potência econômica, porém sempre tentando aumentar seu papel nas relações internacionais.

O envio de recursos para os Estados asiáticos teve início na década de 1950 na forma de reparações e indenizações. Como esse dinheiro era utilizado para assistência econômica, o governo japonês os caracterizava como parte da ajuda oficial aos países asiáticos. Em 1958, o MITI emitiu o primeiro Livro Branco de Cooperação Econômica e colocou dois objetivos da ODA: primeiro, garantir mercados estáveis para os produtos japoneses, e segundo, garantir fontes de matérias-primas (SUDO, 2002).

A partir de 1960, novas agências estatais foram criadas para gerenciar as ajudas oficiais, sendo elas a *Overseas Economic Cooperation Fund* (OECF) em, 1961 e *Overseas Technical Cooperation Agency* (OTCA) em 1964, que foram mais tarde, em 1974, reorganizadas como *Japan International Cooperation Agency* (JICA). Na década de 1960, os recursos aplicados na ODA beneficiaram muito as indústrias japonesas.

Na época da Guerra Fria conhecida como Détente, o governo japonês, influenciado pela aproximação norte-americana à China, decidiu expandir a ajuda externa para países comunistas. Assim, a Mongólia recebeu sua primeira ajuda externa em 1973, e o Vietnã em 1975 (SUDO, 2002). Com a crise do petróleo em 1973, o governo japonês viu a necessidade em manter seu fornecimento e começou a dar assistência a países do Oriente Médio.

Em 1977, o Japão ultrapassou os Estados Unidos no ranking de maior doador ao Sudeste Asiático. Em março do mesmo ano, houve o fórum Japão-ASEAN, e em maio, foi anunciado aumento de 100% da ajuda externa (SUDO, 2002). A partir de 1978, a ODA passou por alguns planos a fim de dobrar seu orçamento. Em 1980, o governo caracterizava a

ODA como parte da segurança nacional, acreditando que a estabilidade econômica de seus vizinhos e parceiros eram fundamentais para sua própria segurança. Em 1989, com os planos de aumento de recursos para a ODA, o Japão tornou-se o maior doador de ajuda, passando os Estados Unidos.

NAKASONE YASUHIRO NA DIREÇÃO DA AGÊNCIA DE DEFESA DO JAPÃO (JDA)

Em janeiro de 1970, Nakasone Yasuhiro, então conhecido por suas ideias radicais, foi nomeado diretor da Agência de Defesa do governo Sato. Sua postura em relação à política externa era de total aversão à Doutrina Yoshida. Acreditava que a Constituição deveria ser reformada e que o país deveria ocupar um lugar diferenciado na comunidade internacional. Suas atividades aumentaram as desconfianças que os Estados asiáticos tinham em relação ao rearmamento japonês.

Foi sob sua direção que a Agência publicou o primeiro Livro Branco, cujo planejamento existia desde a criação da Política Básica de Defesa em 1957. Suas ideologias estavam tão presentes no texto que a publicação ficou conhecida como "O Livro Branco de Nakasone". No documento foi mantida a posição a favor de uma política autônoma (sem constituir uma potência militar) utilizando-se da aliança com os Estados Unidos e com termos moderados, evitando o assunto em torno da posse de armas nucleares (MAEDA, 1995).

Juntamente com o Livro Branco, Nakasone planejava o quarto Plano de Modernização de Defesa. A ideia era de maior igualdade militar perante os Estados Unidos. Na década de 1970, as condições econômicas do país a tornaram uma possibilidade. O fato de tornar sua visão pessoal a oficial do governo chamou atenção dos países vizinhos. Seu planejamento inicial para o quarto Plano era de aumentar equipamentos e recursos humanos das Forças de Autodefesa, tendo como custo total 5,8 trilhões de ienes, 2,2 vezes maior que o terceiro Plano. O plano para a Força Marítima de Autodefesa era o mais custoso, incluindo a incorporação de dois destróieres porta-helicóptero (DLH) mirando as intenções soviéticas (MAEDA, 1995).

Outro fator importante é a tentativa de Nakasone de reformular a Política Básica de Defesa. O ponto principal, segundo Maeda (1995), era a posição que o tratado militar com os Estados Unidos deveria ter dentro da Política de Defesa. Para ele, o Japão deveria ter seus métodos próprios de defesa, sendo a aliança uma ferramenta secundária:

> O Artigo Quarto[1] [da Política Básica de Defesa] é particularmente forte na dependência dos EUA. Eu acredito que devemos revisar esse artigo para que o Japão utilize primeiro sua capacidade nacional para reprimir qualquer agressão, e então, caso necessário, procure a cooperação dos EUA. (NAKASONE apud MAEDA, 1995)

Com suas ideias revolucionárias dentro da Agência de Defesa, não demorou muito para que encontrasse críticas e oposições no próprio PLD. Tensões entre os vizinhos asiáticos aumentaram, principalmente com a China. Em 1971, Masami Ezaki foi nomeado para substituí-lo, e em seu

---

[1] "Dealing with external aggression based on the security arrangements with the U.S. until the United Nations will be able to fulfill its function in stopping such aggression effectively in the future."

primeiro discurso na Dieta, a Agência de Defesa abandonava os projetos e as ideias de mudança e de ruptura. Nakasone não foi um político fraco. Tinha um grande apoio dentro do PLD e ainda liderava uma parte (facção) da Dieta. Seu retorno a um cargo de autoridade foi no mais alto posto político do país, em 1982, como Primeiro Ministro.

A CRIAÇÃO DO ESBOÇO DO PROGRAMA DE DEFESA NACIONAL EM 1976

A década de 1970 trouxe a necessidade de mudança de comportamento da política externa japonesa. Além da Crise do Petróleo de 1973, o início desse período foi marcado por o que os japoneses chamam de *Nixon Shock*. A visita do presidente norte-americano à China em 1972 e o fim do padrão Dólar-ouro deixaram Tóquio sem saber como agir. A normalização das relações EUA-China não deixou outra opção ao Japão, que apenas reconhecia Taiwan como representante chinês. O Japão, assim, foi "forçado" a retomar o diálogo com a China sete meses após a viagem de Nixon. O fim do valor fixo Iene-Dólar deixou o país em pânico, pois sua competitividade seria gravemente afetada no comércio internacional.

Com o aumento dos preços do petróleo em 1973, a economia nipônica apresentou sua primeira contração desde o fim da Segunda Guerra Mundial. O crescimento do orçamento da Defesa, que dobrava a cada cinco anos, ficou parecendo inviável. Além disso, a normalização das relações com Pequim e o fim da Guerra do Vietnã diminuíram a sensação de ameaça, e os gastos com defesa ficaram cada vez mais difíceis de serem justificados (MAEDA, 1995, p. 170).

Logo em março de 1971, dentro da Agência de Defesa, iniciou-se um longo debate em torno da utilidade e capacidade das Forças de Autodefesa. Em março de 1971, Kubo Takuya, diretor do Departamento de Política de Defesa (órgão interno da Agência de Defesa), divulgou um documento que ficou conhecido como "Documento Pessoal de KB" (*KB Personal Paper*). Nele, Kubo afirmava que não havia ameaças reais contra o Japão e que seria quase impossível para o país adquirir uma capacidade que confrontasse com a de seus vizinhos (SEBATA, 2010).

Nesse meio, em 1972, Tanaka Kakuei assumiu o cargo de Primeiro Ministro e deu início ao quarto Plano de Modernização de Defesa (1972-1976). Segundo Maeda (2005), Tanaka propôs o Plano assim que assumiu, a fim de dar tempo ao sucessor de Nakasone para que pudesse apagar a imagem negativa da possível remilitarização. O quarto Plano previa mais crescimento militar, dobrando o orçamento desde o terceiro Plano.

Em abril de 1973, Kubo Takuya divulgou outro documento, chamado "Capacidade de Defesa em tempos de paz", que se transformou na essência da política de defesa do arquipélago naquela década. Nele, Kubo afirmava que: 1) a capacidade de defesa em tempos de paz deveria ser a mais equilibrada e eficiente possível e deveria ser limitada quantitativamente, mas não qualitativamente de acordo com os desenvolvimentos em ciência e tecnologia; 2) os gastos com defesa deveriam estar limitados a 1% do PIB; 3) seria difícil aumentar quantitativamente as Forças de Autodefesa (SEBATA, 2010).

Apesar de criar as bases de uma doutrina militar, Kubo foi criticado por seus colegas da Agência de Defesa, e principalmente por militares. A alegação de que não havia ameaças reais ao Japão colocava em questão a necessidade das Forças de Autodefesa. Entretanto, o que defendia era que se não houvesse riscos à segurança do país, as Forças de Autodefesa não teriam necessidade de se armar como seus vizinhos (SEBATA, 2010). Em dezembro de 1974, Miki Takeo assumiu a liderança do governo e aprofundou as linhas antimilitaristas da Doutrina Yoshida. Em fevereiro de 1976, aprofundou a lei que proíbe a exportação de armas,[2] ampliando a restrição.

Em outubro de 1976, o governo divulgou um documento chamado *Esboço do Programa de Defesa Nacional (National Defense Program Outline,* sigla NDPO*)*, que informava como o país iria desenvolver suas capacidades defensivas a partir de 1977. Nesse documento foi lançado o conceito de *Força Básica de Defesa*, a fim de permitir ao Japão a posse do mínimo possível de armamentos para sua defesa como um Estado soberano. Os pontos focados no documento foram: prevenção de invasão, reação a invasões e defesa nacional. Em todos os aspectos o país afirmava que qualquer tentativa de ataque ou invasão seria reprimida, e que a política de defesa do país era possuir uma forte capacidade de defesa com o apoio dos Estados Unidos. Em outras palavras, o conceito de Força Básica para a Defesa tinha como foco a prevenção de invasões ao território japonês por meio da dissuasão. Essa base serviu para definir aspectos que a Política Básica de Defesa deixara de fora, e sua adaptação ao novo contexto internacional pós-Guerra Fria somente foi percebida e executada na década de 1990.

---

2   Lei de 1949, que proibia a exportação de armas (materiais que ameaçam a segurança internacional) a países comunistas, sob embargo da ONU (ou sob sanção), ou em conflito armado ou prestes a entrar em um.

O governo, representado pela Agência de Defesa, sofreu pressão da Dieta ao justificar a necessidade de construir uma doutrina militar, que não informava os limites conceituais do termo "defesa". A criação do NDPO como uma doutrina se justifica pelos temores da Agência de Defesa do Japão, do Ministério dos Assuntos Estrangeiros e do PLD diante da possível retirada das bases norte-americanas da região naquela década. O medo do abandono *(abandonment)* fez com que Sakata Michida, diretor da JDA criasse uma política que promovesse aceitação pública das Forças de Autodefesa e do Tratado com os EUA (HOOK et al, 2012, p. 132). Uma semana após a aprovação do NDPO, foi estabelecido o teto de 1% do PIB para os gastos militares. Essa medida serviu para acalmar os pacifistas, uma vez que as tendências militares pareciam estar crescendo entre os tomadores de decisões (TOGO, 2005).

Na prática, o teto de 1% não representou mudança. Com o crescimento do PIB, os gastos com defesa caíram de 2% em 1950 para 1% no início de 1960. Entre o final de 1960 e o início de 1970, a proporção caiu mais ainda. Esse limite apenas mitigou o aspecto criativo do NDPO e fez com que o Primeiro Ministro Miki Takeo fosse lembrado por seu pacifismo (TOGO, 1950).

A BUSCA PELO ASSENTO PERMANENTE NO CONSELHO DE SEGURANÇA DA ONU

As ambições do Japão em ter um assento permanente no Conselho de Segurança da Organização das Nações Unidas tiveram início desde sua aceitação na instituição em 1956 (PAN, 2006). Na década de 1960, o país já se situava entre as grandes potências econômicas e tentava expandir suas influências a fim de restaurar o prestígio internacional.

Após a sua entrada, o governo japonês começou a divulgar seu interesse em reformar a Carta da ONU e incluir novos membros no Conselho de Segurança. Em 1963, já articulava com o grupo Afro-Asiático e com os membros latino-americanos novas propostas para o Conselho de Segurança. Em dezembro do mesmo ano, o Grupo AA apresentou à Assembleia Geral a proposta de criar quatro assentos, que somente foi votada pelo CS dois anos mais tarde, tendo aprovado apenas quatro assentos não permanentes. Com a criação de novos assentos, no mesmo momento, o Japão conseguiu eleger-se pela segunda vez para um mandato de dois anos.

O governo japonês tinha dois grandes motivos para insistir na reforma do CS, e consequentemente, na sua inclusão como membro permanente. O primeiro é o caso da representação chinesa. Os britânicos apoiavam a volta da delegação chinesa nas Nações Unidas, e esse fato preocupava o governo japonês. O Primeiro Ministro Ikeda, assim como outros líderes do PLD, não aceitava a ideia de a China Comunista ter um assento permanente no CS. Em março de 1964, Kajima Morinosuke, membro da Comissão de Política Externa, afirmou na Dieta que se o Japão fosse ultrapassado pela China Comunista no Conselho de Segurança, o país seria colocado em uma situação de inferioridade (PAN, 2006).

O segundo motivo era a grandeza econômica que o país representava. As Olimpíadas de Tóquio de 1964 mostraram ao mundo que o Japão já estava reconstruído e simbolizaram a prosperidade nipônica. Nesse período, o arquipélago já representava um dos maiores doadores à organização.

Sato Eisaku assumiu o cargo de Primeiro Ministro em 1964 e mudou a direção da política japonesa para a ONU. Ao contrário de Ikeda, Sato preferia que o pedido japonês fosse menos agressivo. Nesse mesmo ano, o governo japonês e o norte-americano começaram a discutir a entrada do país no Conselho de Segurança como membro permanente.

Na década de 1960, os Estados Unidos tinham posição contrária à entrada do Japão ou de outros membros no CS. Os ingleses e os franceses acreditavam que qualquer apoio ao Japão poderia abrir espaço para outros membros. Segundo Pan (2006), diplomatas franceses alertavam os Estados Unidos sobre a abertura da "Caixa de Pandora". Até 1971, a delegação chinesa representada por Taiwan era totalmente oposta à reforma. Com a mudança de representantes, a China Comunista começou a apoiar a reforma da Carta (PAN, 2006).

Desde a administração Kennedy, os Estados Unidos eram contra o alargamento do CS. Na década de 1960, o medo norte-americano era que a modificação pudesse aumentar pressões para a mudança da representação chinesa. O governo japonês tentou ao máximo conseguir apoio, mas sem sucesso. Uma das tentativas foi dividir os custos financeiros da ONU, aumentando a participação nipônica. E quando o movimento pró-China Comunista ganhava força no início de 1970, o governo japonês sugeriu que sua entrada no CS iria equilibrar poderes com os comunistas.

Apenas em 1971, Washington, sob o governo Nixon, começou a mudar sua opinião sobre a entrada do Japão no CS como membro permanente. Havia temores de que o Japão com sua grande capacidade econômica retornasse com sua política de poder agressiva, nacionalista e militarizada. Em abril daquele ano, Kissinger assinou um documento chamado *National Security Study Memorandum 122*, em que solicitava novos estudos relacionados ao Japão, como a mudança das atitudes japonesas em relação ao seu papel internacional, efeitos da Doutrina Nixon no Japão e efeitos nas negociações em torno da devolução de Okinawa. A resposta veio por meio de uma recomendação para que Washington reforçasse sua aliança de segurança com Tóquio, evitasse conflitos potenciais na Ásia e que aumentasse seus comprometimentos com aliados na região. A estratégia de Washington deveria ser "canalizar o nacionalismo e o desejo do Japão por reconhecimento como uma potência em áreas construtivas" (PAN, 2006, p. 323). Para Washington, "um assento permanente ao Japão seria uma demonstração clara de que é possível alcançar um reconhecimento como grande potência sem poder nuclear ou grande poder militar convencional." (PAN, 2006, p. 323). Contudo, o apoio nunca foi oficializado ou comunicado diretamente ao Japão. Temia-se que ao apoiar o Japão, a "caixa de Pandora" seria aberta, significando uma mudança mais profunda na Carta da ONU.

Sem o apoio dos Estados Unidos, o Japão tentou conseguir suporte dos outros membros do CS, mas não teve sucesso. Em novembro de 1972, as Filipinas incluíram uma proposta na Assembleia Geral de criar um comitê para revisão da Carta, que foi aprovada por maioria em 1974. Contudo, quatro membros do CS vetaram-na. A década de 1970 foi marcada pelo silêncio japonês. O Japão continuava com suas expectativas, mas suas demandas não foram muito insistentes como antes (PAN, 2006). A volta dos pedidos japoneses ocorreu em 1983, quando Nakasone Yasuhiro subiu ao cargo de Primeiro Ministro.

Nakasone afirmava que o papel que o Japão tinha na ONU não refletia a realidade. Sua política externa para a Organização foi marcada pela busca pelo assento permanente e pela eliminação das cláusulas de inimigos. No idioma japonês, a ONU é conhecida como Confederação Internacional, *Kokusai Rengou,* e não como Nações Unidas ao pé da letra. No que concerne o texto da Carta das Nações Unidas, as cláusulas de inimigos, *enemy clause*, (Artigo 53 e 107) colocam o Japão em uma situação delicada.

Artigo 53

1. O conselho de Segurança utilizará, quando for o caso, tais acordos e entidades regionais para uma ação coercitiva sob a sua própria autoridade. Nenhuma ação coercitiva será, no entanto, levada a efeito de conformidade com acordos ou entidades regionais sem autorização do Conselho de Segurança, com exceção das medidas contra um Estado inimigo como está definido no parágrafo 2 deste Artigo, que forem determinadas em conseqüência do Artigo 107 ou em acordos regionais destinados a impedir a renovação de uma política agressiva por parte de qualquer desses Estados, até o momento em que a Organização possa, a pedido dos Governos interessados, ser incumbida de impedir toda nova agressão por parte de tal Estado.

2. O termo Estado inimigo, usado no parágrafo 1 deste Artigo, aplica-se a qualquer Estado que, durante a Segunda Guerra Mundial, foi inimigo de qualquer signatário da presente Carta.

Artigo 107
Nada na presente Carta invalidará ou impedirá qualquer ação que, em relação a um Estado inimigo de qualquer dos signatários da presente Carta durante a Segunda Guerra Mundial, for levada a efeito ou autorizada em conseqüência da dita guerra, pelos governos responsáveis por tal ação.

O Artigo 53 aprova a atuação de organizações de segurança regional a fim de tomar ações, caso os inimigos da Segunda Guerra retomassem suas ideias bélicas. Nakasone não teve apoio suficiente para retirar as cláusulas da Carta da ONU, mas foi o primeiro a conseguir levar o assunto ao encontro do G7 (PAN, 2006).

O governo seguinte criou outro tipo de pensamento. Para o Primeiro Ministro Takeshita Noboru, que governou de 1987 até 1989, a entrada do país como membro permanente estaria vinculada à responsabilidade internacional. Assim, o seu ministro dos Assuntos Estrangeiros, Uno Sosuke, afirmava que uma forma de o país atingir seu objetivo era por meio de contribuições às missões de paz da organização. Contudo, naquele momento, o Japão somente poderia oferecer ajuda humanitária, pois a interpretação constitucional da época proibia o envio das Forças de Autodefesa às missões da ONU.

O Primeiro-Ministro seguinte, Kaifu Toshiki, evitou conectar os dois assuntos durante seu governo, pois as grandes potências pediam suporte militar no Oriente Médio, e a Constituição proibia o envio das Forças de Autodefesa ao exterior. Para evitar qualquer interferência militar, o Japão propôs aos EUA, que o estava pressionando por ajuda humana, a quantia de 400 milhões de dólares. Esse valor subiu para quatro bilhões de dólares após alguns dias. Como o arquipélago era um dos países que mais compravam petróleo do Oriente Médio, foi questionada a sua posição, mostrando-o como um Estado mesquinho que queria fazer apenas uma contribuição simbólica. Esse valor foi fechado em treze bilhões de dólares. Mesmo após se tornar o segundo maior financiador da Guerra do Golfo, atrás da Arábia Saudita, a imagem da ajuda simbólica e a da "diplomacia do cheque" surgiram e permaneceram (COONEY, 2006, p. 39).

Sem o apoio das grandes potências e ainda com a diplomacia do cheque, o Japão não conseguiu mais apoio para reformar o Conselho de Segurança. A partir da década de 1990, o desejo de integrar permanentemente o CS não era mais limitado aos países desenvolvidos. O terceiro mundo, em 1992, apresentou uma proposta de alargamento, que foi apoiada pelo Japão e pela Alemanha. Apesar de mais membros apoiarem a causa, as potências não chegavam a um consenso, bloqueando qualquer tentativa de alargamento.

RELAÇÕES ENTRE O JAPÃO E A CHINA

Na conferência do Tratado de Paz de São Francisco em 1951, a República Popular da China (RPC), República da China (Taiwan) e a Coreia não enviaram representantes por não terem sido convidados. O motivo principal era que Washington acreditava que caso o governo da República Popular da China fosse convidado para a cerimônia, o Japão iria reconhecê-la como única representante chinesa, contra as intenções norte-americanas de isolá-la. Caso Taiwan fosse convidada, significaria que Taipei representaria toda a China continental, o que contrastaria com a realidade e com a opinião mundial. Assim, Washington optou pela "exclusão mútua", deixando os dois atores fora do Tratado (WANG, 2000).

Mesmo assim, por meio do Tratado, o Japão reconhecia a independência da Coreia e renunciou seus direitos sobre Formosa e Pescadores. Logo após a conclusão do acordo, Yoshida percebeu que deveria normalizar suas relações com a China. Segundo Wang (2000), Yoshida tinha um discurso ambíguo que preocupava Washington. Em outubro de 1951, afirmou na Câmara Baixa da Dieta que iria buscar reatar com o governo nacionalista e que o reconhecimento do governo comunista seria impossível. Já na Câmara Alta, afirmou que o governo iria reatar com a China comunista, caso aquele governo assim desejasse. Ainda, no dia 30 de outubro na mesma Casa, Yoshida afirmou que o governo, naquele momento, já tinha o direito de decidir qual governo iria reconhecer (WANG, 2011). Dulles sentia-se preocupado com os discursos pró-China comunista, acreditando que o embaixador inglês em Tóquio, Esler Dening, um grande defensor do reatamento Japão-RPC, havia encorajado Yoshida (WANG, 2000).

No dia 11 de dezembro de 1951, Dulles viajou ao Japão para se encontrar com Yoshida. No encontro, Dulles informou que o Senado estava apreciando o Tratado de Paz, mas estava desconfiado da posição do governo japonês em relação à China. Yoshida, ao invés de comprometer-se, afirmou que o isolamento chinês não resolveria a questão chinesa e que o contato com o mundo ocidental seria importante para os cidadãos terem um pouco de liberdade. Além disso, ofereceu-se para dar uma maior contribuição ao bloco ocidental, engajando a China e "desmamando-a" da União

Soviética (WANG, 2000). Nada disso conseguiu persuadir Dulles. No dia 18 de dezembro, os dois se encontraram novamente e Dulles retornou aos Estados Unidos. No dia 24 do mesmo mês, Yoshida escreveu uma carta a Dulles, afirmando como seria a política japonesa para a China. Nessa carta, que foi conhecida como "Carta Yoshida", o Japão se comprometia a assinar um tratado de paz com a China Nacionalista (Taiwan) e afirmava que não tinha intenção de realizar um tratado bilateral com o regime comunista chinês. Segundo Wang (2000), ela continha um texto escrito por Dulles, que foi entregue a Yoshida no segundo encontro. Yoshida apenas deveria assiná-la. "A subordinação da política japonesa para a China às regras norte-americanas da Contenção na Ásia era o preço que o Japão tinha que pagar para a restauração de sua soberania" (WANG, 2000, p. 111). Em 28 de abril de 1952, o Japão assinou um acordo de paz com a República da China (Taiwan), em que o Artigo Primeiro terminava o estado de guerra entre eles.

Mesmo reconhecendo a República da China, o governo japonês tentou se aproximar da República Popular da China (China comunista) a fim de reatar laços comerciais. Sua política consistia em separar a esfera econômica da política e teve grande apoio do setor privado. A China comunista tinha a intenção de utilizar os laços econômicos para conseguir reconhecimento político por parte do Japão como sendo "a única China". (TOGO, 2005)

Ainda segundo o autor, de 1952 até 1957, as relações com a RPC foram estáveis. Em junho de 1952 foi assinado o primeiro acordo comercial, e em outubro de 1953, houve a assinatura de outro documento que possibilitava o estabelecimento de representações comerciais nos dois países.

Em 1955, foi assinado um acordo para manter os preços de *commodities*. O bom momento comercial refletiu no fluxo de USD 151 milhões em 1956. Em 1955, durante a Conferência de Bandung, a China pediu melhoras nas relações com o Japão, mas Hatoyama não deu muita atenção, pois o aprofundamento do contato poderia prejudicar as relações com os Estados Unidos, que já chamavam atenção para o comunismo chinês (HOOK *et al,* 2012, p. 168).

O governo seguinte, de Kishi Nobusuke, que tomou posse em fevereiro de 1957, foi marcado por tensões entre os dois governos. Kishi incentivando Taiwan, apoiando explicitamente o retorno de Chiang Kai Shek ao continente. Nesse período, a China continental passava pelo "Grande Salto para Frente" de Mao Tsé-Tung, deixando o país um caos social, além de ser o período do rompimento sino-soviético.

A partir de 1957, alguns incidentes marcaram as relações comerciais e culturais. Com a assinatura do quarto acordo comercial em março de 1958, as representações comerciais foram autorizadas a levantarem suas bandeiras, como uma representação diplomática. Taipei protestou e o governo de Kishi negou, sob a política de separação de interesses comerciais e políticos, o direito de a representação utilizar a bandeira da RPC. Outro movimento que simbolizou conflitos foi quando um rapaz japonês retirou a bandeira da RPC de uma feira de comércio em Nagasaki no dia 2 de maio. O jovem foi preso, mas liberado no mesmo dia. O governo japonês não reconheceu a atitude de destruir aquela bandeira nacional como uma ofensa, pois não reconhecia a RPC. No dia 11 de maio, os representantes da RPC declararam término das relações comerciais e culturais (TOGO, 2005). O governo Kishi foi acusado pela RPC de ter criado duas

Chinas e de estar revivendo o militarismo japonês (HOOK *et al*, 2012, p. 168).

O governo de Ikeda Hayato (1960-1964) representou a tentativa de reatamento de relações não oficiais. Com o desastre aparente da política "Grande Salto para Frente" e com a falta de apoio soviético, a revitalização da parceria econômica era esperada. Em setembro de 1962, Matsumura Kenzo, um político do PLD, visitou Pequim e teve reuniões com Zhou Enlai, premiê chinês. Em novembro do mesmo ano, foi assinado um acordo comercial a partir das conversas entre Matsumura e Zhou, mas líderes de facções do PLD pediram para o governo Ikeda diminuir o contato com a RPC, a fim de tranquilizar seus colegas pró-EUA e pró-Taiwan (HOOK *et al*, 2012, p. 168). Ainda nesse período, a RPC conseguiu abrir um escritório de representação no Japão, mas sem status diplomático. Além disso, o banco estatal *Import-Export Bank of Japan* aprovou um empréstimo de vinte e dois milhões de dólares à indústria japonesa *Kurashiki Rayon* para abrir uma planta na China.

A aproximação de Ikeda aos comunistas gerou protestos em Taiwan, que retirou sua representação diplomática de Tóquio. Para evitar problemas, Ikeda enviou Yoshida para Taiwan para acalmar Taipei. Nesse contexto, Yoshida escreveu uma carta ao líder nacionalista Chiang Kai-Shek em maio de 1964, informando que o governo japonês não iria mais emprestar dinheiro a empresas relacionadas à RPC.

Ainda em 1964, quando Sato Eisaku assumiu a liderança do governo, as tensões reapareceram. Inicialmente, era considerado um apoiador das relações com a RPC, mas em fevereiro de 1965 cortou os empréstimos do Exim Bank para indústrias ligadas à RPC, conforme o comprometimento que fora feito por Yoshida a Taipei. A partir de 1966, a Revolução Cultural Chinesa teve impacto nos contatos com o Japão. As boas relações que o Partido Comunista do Japão tinha com o Partido Comunista da China foram terminadas. Em novembro de 1967, Sato visitou Washington e publicou um comunicado conjunto com Lyndon Johnson referindo-se se à ameaça do Partido Comunista Chinês. Em 1969, em comunicado, Sato afirmou que a manutenção da paz e da segurança na área de Taiwan era o fator mais importante para a segurança do Japão. O governo da RPC criticou duramente a posição japonesa, e a mídia chinesa começou a veicular propagandas antijaponesas acusando o país de revitalizar a militarização.

Os conservadores do PLD e os esquerdistas de outros partidos buscavam utilizar o nacionalismo japonês, que surgira na década de 1960, por conta do crescimento econômico, para tornar o país menos dependente dos Estados Unidos e para mudar a política japonesa para a China. Contudo, a tentativa de aproximação com a China ficava cada vez mais difícil por conta do aumento de tensões entre China e Estados Unidos e sua entrada na Guerra do Vietnã (WANG, 2000).

A política externa dos Estados Unidos para a Guerra Fria no governo Nixon foi moldada basicamente sobre a *realpolitik* de Kissinger. O equilíbrio de poder permitiria o relaxamento das tensões com a União Soviética (PECEQUILO, 2005). Como a Europa e o Japão já se encontravam ao lado dos Estados Unidos dando força meramente econômica, era necessário um ator de peso político, a China. Nesse momento, segundo Pecequilo (2005), a Contenção voltou às origens e deixou de ser anticomunista para ser antissoviética. Com o rompimento sino-soviético, a RPC buscava situar-se próxima aos Estados Unidos para repelir ameaças da Doutrina Brejnev de 1969, em que a URSS se dava o direito de intervir em outros Estados para garantir o sucesso comunista. Assim, o governo norte-americano iniciou negociações em 1969 com a RPC, e, em 1972, Nixon visitou o país e afirmou que havia apenas uma China, e Taiwan fazia parte dela. A aproximação foi um ato não esperado pelo governo japonês, pois, mesmo sendo o maior aliado de Washington na Ásia, o governo japonês não havia sido informado. Deu-se início ao que os japoneses chamam de "os choques de Nixon".

Em 1971, com o início das negociações e conversas entre a RPC e os EUA, o governo japonês sentiu necessidade de aproximação, entretanto, as negociações em torno de Okinawa impediam o governo de agir. O temor de uma retaliação norte-americana por meio das negociações de Okinawa fez com que o Japão decidisse não tomar nenhuma medida naquele momento em relação à RPC (WANG, 2000).

A mudança de comportamento somente ocorreu em 1972 no governo de Tanaka Kakuei. Após a saída de Sato, Tanaka Kakuei, que era Ministro do Comércio Internacional e da Indústria (MITI), criou sua facção, unindo fortes apoios dentro do PLD. Antes da eleição, sua facção fez um acordo secreto com outras facções políticas, a fim de impedir que a facção rival, de Fukuda, ganhasse as eleições. Nesse acordo, a normalização das relações com a RPC foi incluída (WANG, 2000). Tanaka conseguiu vencer as eleições com apoio da facção de Nakasone, e imediatamente pediu que o MOFA estudasse a questão chinesa.

Após a substituição da representação de Taiwan em 1971 na ONU, a China apresentava três grandes princípios para o reatamento com o Japão: 1) Reconhecimento da República Popular da China como o único e legítimo governo da China; 2) Reconhecimento de que Taiwan é uma parte da China; 3) Revogação do Tratado de Paz Japão-Taiwan de 1952. Antes, houvera outro princípio que requeria que o Japão pressionasse Washington para retirar suas bases militares de Taiwan. A exclusão desse ponto reflete a preocupação da RPC em relação à URSS. Nesse caso, a presença dos Estados Unidos seria interessante.

O problema em tratar Taiwan como parte da China recaia sobre o acordo Sato-Nixon de 1969, quando das negociações em torno de Okinawa, em que Tóquio se comprometia a dar apoio às tropas norte-americanas no estreito de Taiwan (Cláusula de Taiwan). Contudo, sob os princípios chineses, tal ação seria uma agressão à soberania da RPC. Por outro lado, se o Japão aceitasse essa norma, estaria deixando de cumprir o acordo com os EUA.

Quando Tanaka assumiu, o governo norte-americano acreditava que a iniciativa de aproximação à China poderia representar o início da independência política do Japão. Em agosto de 1972, Nixon se encontrou com Tanaka no Havaí. Nesse encontro os Estados Unidos deram seu aval para a normalização das relações, sem rompimento do acordo de segurança. No comunicado conjunto dos dois líderes, não houve menção de Taiwan. Contudo, houve um entendimento tácito: o Japão continuaria cumprindo a Cláusula de Taiwan, desde que os EUA não tornassem a informação pública (WANG, 2000).

Em 25 de setembro de 1972, Tanaka visitou Pequim para fazer avançar as negociações. Como resultado de seu encontro com Zhou, os líderes emitiram um comunicado conjunto, simbolizando aceitação dos princípios chineses e normalização diplomática. Segundo Wang (2000), o tratado Japão-Taiwan de 1952 não foi mencionado no comunicado, sendo uma concessão chinesa frente às pressões pró-Taiwan contra Tanaka, apesar do ministro Ohira ter alegado após o comunicado que iria revogar o tratado com Taiwan e encerraria missões diplomáticas naquele país.

O Tratado de Paz e Amizade firmado entre os dois Estados levou seis anos para ser elaborado, desde 1974, devido às dificuldades pela disputa territorial em torno da Ilha Senkaku ou Diaoyu e, principalmente, em relação à "Cláusula Anti-hegemônica". O comunicado conjunto, emitido pelos líderes em 1972, previa que nenhum dos dois Estados iria buscar o poder hegemônico na região Ásia-Pacífico ou em qualquer outra região, e que os dois iriam opor-se contra qualquer tentativa de Estados terceiros.

Houve diferenças em relação a esse artigo, pois a China insistia em adicionar a cláusula "anti-hegemônica", já que tinha interesse em promover uma coalizão oposta ao expansionismo soviético, enquanto o Japão relutava a incluir de forma direta, pois temia que o termo levantasse sentimentos de provocações em relação à União Soviética. Apesar dos crescentes laços com Pequim e distanciamento da URSS, Tóquio decidiu não entrar em uma aliança antissoviética com a China (TOGO, 2005).

A partir de 1975, as negociações em torno do tratado foram congeladas. O cenário político interno do Japão passou por certa turbulência, impedindo avanços na política externa. Tanaka renunciou no fim de 1974, envolvido em um escândalo. A política externa para a China somente foi retomada em 1976, quando Fukuda Takeo foi eleito Primeiro

Ministro, inaugurando o que era chamado de "diplomacia da paz onidirecional". Fukuda pretendia aproximar-se da China e da URSS ao mesmo tempo (TOGO, 2005). No mesmo ano, Mao e Zhou faleceram, deixando o mais alto posto para Deng Xioping em 1977.

Ainda em 1975, sob o governo Miki Takeo, o governo japonês já havia aceitado incluir a cláusula anti-hegemônica no tratado, mas com algumas ressalvas. O Japão queria que houvesse outra cláusula alegando que o tratado não era uma aliança formal. Após negociações, no dia 12 de agosto de 1978, o Tratado de Paz e de Amizade foi assinado entre as partes, contendo duas cláusulas centrais: a anti-hegemônica e a que afirmava que tal tratado não afetaria a posição das partes em relação a terceiros. Com a conclusão da normalização Japão-RPC, seguida pelo reconhecimento norte-americano em 1979 à RPC como única China, a União Soviética respondeu no mesmo ano: Forças militares foram enviadas para ocupar quatro ilhas disputadas com o Japão. Os soviéticos tinham a noção de que estavam cercados pelos EUA e por seus aliados, o que explica tal ação.

Em relação à segurança, os dois Estados concordaram em resolver todas as disputas entre eles através de meios pacíficos previstos na Carta da ONU, e que não iriam utilizar a força ou ameaçar o uso. O papel da aliança Japão-EUA não foi influente nas decisões, pois a China não exigiu revisão do tratado, e nem exigiu que Taiwan ficasse fora da zona de proteção norte-americana (MOCHIZUKI, 2007).

Sobre as disputas territoriais, o Japão propôs uma negociação durante o período dos acordos, porém a China postergou essa discussão, alegando que eram problemas pequenos que não deveriam impedir a normalização. As ilhas disputadas são conhecidas em japonês como Senkaku, enquanto para os chineses, seu nome é Diaoyu. São oito pequenas ilhas localizadas a oeste de Okinawa, que costumeiramente faziam parte de seu arquipélago. Antes do retorno ao Japão em 1972, Taiwan e a RPC reivindicaram a posse do pequeno conjunto a partir de 1968, quando foi feito um estudo que mostrou que na região havia gás e petróleo. Entretanto em 12 de abril de 1977, durante as discussões, barcos pesqueiros chineses se aproximaram das ilhas e ignoraram avisos da guarda japonesa. Os políticos do PLD pressionaram o governo de Fukuda Takeo para que tomassem medidas contra a China. O líder do PLD na época era Nakasone Yasuhiro (ex-diretor da JDA), o qual defendia que o Japão deveria proteger seus direitos territoriais e a segurança nacional. Após três dias de protestos, o governo chinês afirmou que os barcos haviam entrado acidentalmente na região. No dia 18 de abril, os barcos se retiraram (TOGO, 2005).

O Tratado de Paz foi muito positivo para o Japão, pois não houve exigências por reparações ou indenizações, e o mais importante, o governo japonês não teve que rever suas relações de segurança com os Estados Unidos. (MOCHIZUKI, 2007).

Relações ambíguas na década de 1980

A orientação política de Deng Xiaoping colocou a China em uma nova era, tendo como prioridade o desenvolvimento econômico chinês. Na década de 1980, a China estava disposta a aceitar investimentos e empréstimos vindos do Japão, para financiar projetos em vários setores-chave da economia. Isso mudou diretamente a relação Sino-japonesa.

Havia um entendimento implícito que em troca das reclamações por prejuízos passados, os chineses iriam receber ajudas financeiras do Japão. Em dezembro de 1979, o Primeiro Ministro Ohira Masayoshi visitou Pequim e informou que a China seria um receptor da Ajuda Oficial para o Desenvolvimento (ODA), a fim de melhorar ainda mais as relações políticas. Tóquio formulou três grandes pacotes de empréstimos: a) 330 bilhões de yen, para o período de 1979 a 1983, destinados ao financiamento de sete projetos de portos, ferrovias e hidroelétricas; b) 470 bilhões de yen, para o período de 1984 até 1989, para financiar dezesseis projetos nas mesmas áreas do primeiro pacote; c) 810 bilhões de yen, para o período de 1990-195, para financiar quarenta e dois projetos (TOGO, 2005).

A década de 1980 foi uma década de harmonia e de tensões entre o Japão e a China (TOGO, 2005). Há quatro principais eventos que simbolizam boas relações, sendo eles: as trocas de visitas de Zhao Ziyang em 1982, de Hu Yaobang em 1983, de Nakasone Yasuhiro em 1986 e de Takeshita Noboru em 1988. Por outro lado, outros quatro fatores abalaram os laços de amizade: os livros escolares japoneses, que ignoravam as atrocidades cometidas pelo Japão nas guerras; evidência política do Templo Yasukuni, que cultua heróis de guerra; Koukaryou, uma disputa judicial entre RC e RPC em torno de um imóvel em Quioto; e o incidente de Tiananmen (TOGO, 2005).

Quando o Primeiro-Ministro chinês Zhao Ziyang visitou o Japão em 1982, ele propôs três princípios que deveriam governar as relações entre os dois países: paz e amizade; igualdade e benefício mútuo; estabilidade duradoura. Segundo Togo (2005), o terceiro princípio era uma mensagem importante de que o Japão não deveria mudar seu comportamento em relação àquele país naquela década, quando as relações China-EUA estavam esfriando. A sua visita foi bem vista pelo governo japonês, que recebeu os princípios como um dos melhores momentos das relações bilaterais.

Poucos meses após a visita de Zhao, a China e a Coreia do Sul protestaram em relação a livros escolares que estavam prestes a serem impressos. O maior fator que causava desconforto em seus vizinhos era a questão da visão histórica. A maior parte dos japoneses acredita que seu país agiu de forma errada em muitos casos durante a guerra, mas acreditam que não foi em tudo. Dentro desse desentendimento, em 1982, a mídia japonesa relatou que alguns livros estavam utilizando a palavra "avanço" no lugar de "agressão" para descrever atividades militares na China, e que estavam diminuindo a responsabilidade japonesa no Massacre de Nanquim. Na realidade, a mídia estava errada. O governo havia sugerido tais mudanças, mas o autor dos livros as negou. Mesmo assim, protestos surgiram nos vizinhos. No final daquele ano, o governo aprovou uma diretiva que afirmava que a história contemporânea em relação aos vizinhos da Ásia seria considerada por meio de entendimentos internacionais (MOCHIZUKI, 2007).

Em novembro de 1983, o Secretário Geral do Partido Comunista Hu Yaobang visitou o Japão, quando o Primeiro Ministro Nakasone Yasuhiro decidiu incluir um quarto princípio de confiança mútua, o qual foi bem recebido por Hu. Nakasone visitou no ano seguinte a China e anunciou o segundo pacote de empréstimos de 470 bilhões de ienes.

Contudo, em 1985, Nakasone visitou o Templo Yasukuni, conhecido por ser dedicado aos soldados mortos na Segunda

Guerra, inclusive criminosos de guerra. Muitos ministros visitaram esse templo após o final da guerra sem criar escândalos políticos, mas evitavam visitá-lo no dia 15 de agosto, o dia da comemoração principal. Nakasone esteve presente nesse exato dia, fazendo com que fosse acusado pela China de legitimar os criminosos de guerra. Houve grandes protestos em toda a China, entre setembro e outubro, principalmente entre os estudantes universitários. Após o governo afirmar que as intenções de Nakasone não eram de legitimar os criminosos de guerra e que o ato não iria se repetir, os chineses se acalmaram. No ano seguinte, visitou a China e convidou 500 jovens chineses para estudar no Japão. Esse ato serviu para melhorar a relação.

O caso *Koukaryou* de 1987 ocorreu em torno de uma disputa judicial por um imóvel destinado a acolher estudantes em Quioto. Após a Segunda Guerra, a RC virou a proprietária legal do imóvel, que era, na verdade, controlado por estudantes que apoiavam a RPC e a RC. Em 1977, a RC fez um pedido na justiça japonesa para garantir sua posse, e em 1987, o Tribunal Superior de Osaka deu sua palavra final a favor da RC. Esse resultado gerou pesados impasses diplomáticos, mas o governo japonês sempre respondeu defendendo a separação de poderes, afirmando que não poderia fazer nada.

Para comemorar o décimo aniversário da normalização em 1988, o Primeiro Ministro Takeshita Noboru visitou a China e anunciou o terceiro pacote de empréstimos no valor de 810 bilhões de ienes. O último acontecimento que marcou as relações bilaterais foi o incidente da Praça Tiananmen em 6 de junho de 1989. O governo japonês, liderado pelo Primeiro Ministro Uno Sosuke, evitou criticar a China e impor sanções econômicas. O MOFA acreditava que o país deveria separar a política da economia, pois a promessa japonesa de assistir o desenvolvimento chinês era distinta das questões humanitárias.

Com pressões internacionais, principalmente dos EUA e dos países do G7, Tóquio decidiu congelar o terceiro pacote de ajuda financeira que havia sido anunciado por Takeshita no ano anterior. Foi uma decisão forçada, pois o terceiro empréstimo serviria para manter os interesses comerciais japoneses, uma vez que estava atrelado à compra de exportações japonesas a fim de corrigir o déficit comercial entre os dois (WANG, 2011). Após alguns meses, o Japão enviou alguns políticos à China para evitar o isolamento internacional. Acredita-se que o Japão fazia esses esforços para ganhar uma vantagem diplomática em relação aos Estados Unidos (MOCHIZUKI, 2007).

Em julho de 1990, na cúpula do G7, o Primeiro Ministro japonês Kaifu Toshiki informou que tinha interesse em restabelecer a ajuda financeira à China. Os empréstimos foram restaurados quatro meses depois. Os esforços japoneses foram bem vistos pelo sistema internacional, e o que melhorava a situação do Japão era que não havia oposição interna em relação a ajuda à China (MOCHIZUKI, 2007).

Em relação à segurança regional em várias ocasiões, a China mostrava que aceitava os esforços japoneses para aumentar as capacidades das Forças de Autodefesa. Em 1980, Hua Guofeng visitou o Japão, sendo o primeiro líder chinês a visitar o arquipélago. Na visita, Hua defendeu que um Estado independente e soberano deveria ter o direito de manter sua própria defesa e soberania. Além disso, Hua apreciou os esforços japoneses de fortalecer a aliança com os Estados Unidos (LAMPTON, 2002, p. 239). Em 1980, Wu Xiuquan, influente político chinês, recomendou a Nakasone, antes de este se tornar Primeiro-Ministro, que o Japão deveria aumentar a porcentagem do PIB em gastos com defesa para 2% (DRIFTE, 2003, p. 24).

Como resultado do Tratado de Paz entre os dois Estados, a China precisou acionar a cláusula anti-hegemônica e solicitou apoio japonês ao regime Khmer Rouge do Camboja, pois a União Soviética estava expandindo-se ao lado do Vietnã. Nesse ponto, os Estados Unidos já viam a China como uma parte da coalizão da Contenção, ao longo de que os soviéticos ampliavam sua expansão no Afeganistão. Nessa época, estavam também aumentando suas presenças militares no norte do Japão, em volta de Hokkaido, o que era visto como uma resposta à aproximação Japão-RPC.

Com a política anti-hegemônica, Pequim tentou persuadir o Japão a firmar acordos de cooperação, em termos de troca de oficiais militares. Em 1979, o Japão já estava preocupado com o grande interesse chinês em conter a hegemonia soviética. Por outro lado, o que preocupava a China nessa altura era a possibilidade de uma nova militarização japonesa, enquanto surgia um novo nacionalismo e a questão das ilhas Senkaku ainda não havia sido esclarecida. No governo de Nakasone, houve maior presença do nacionalismo na política e os gastos na defesa aumentaram. A China respondeu em 1985, através do vice-premier Yao Yilin, que a militarização japonesa, além do princípio de autodefesa, iria incomodar os vizinhos.

O JAPÃO SOB A LIDERANÇA DE NAKASONE: O "PORTA-AVIÕES INAFUNDÁVEL"?

Pode-se dizer que a estratégia do Primeiro Ministro Yoshida representou uma decisão racional. [...] Eu me pergunto, ainda agora, sobre o que teria acontecido se o Japão tivesse tido uma escolha diferente naquela união crítica. Desde então, tenho feito um dos meus objetivos políticos, transcender o então chamado Sistema de São Francisco. (NAKASONE apud PYLE, 2007)

Na década de 1980, o Japão já era considerado uma grande potência econômica, porém um *free rider* na sombra dos Estados Unidos. Apesar de o PLD ter comandado o governo japonês por mais de 50 anos desde a sua criação, houve resistências em relação à Doutrina Yoshida, mostrando opiniões divergentes dentro do partido. A submissão perante os Estados Unidos e a imobilidade militar eram pontos questionados por alguns políticos, sendo o primeiro de todos Kishi Nobusuke, e o mais famoso, Nakasone Yasuhiro.

Em novembro de 1982, Nakasone Yasuhiro tomou posse como Primeiro Ministro e tentou dar uma nova identidade ao Japão nas relações internacionais. Mesmo sendo parte do PLD, era a favor de aumentar a participação ativa do Japão nas relações internacionais e era um defensor do "Japão Normal", com ilimitadas capacidades militares. Nakasone sempre teve a visão pessimista em relação à subordinação aos EUA, mas não mudou a orientação da política externa. Em 30 de julho de 1953, quando ainda era novo na política, fez um discurso em um fórum internacional na

Universidade de Harvard. Esse discurso foi marcado pela insatisfação de outros políticos e cidadãos que viam o período pós-guerra, e particularmente a Constituição da Paz, como uma ordem imposta pelos Estados Unidos. Segue trecho do discurso:

> Essa Constituição foi escrita em inglês por um exército de ocupação e aceita pelo povo sob a vontade de reaver sua independência o mais breve possível. Se as palavras de Lincoln "governo do povo, pelo povo e para o povo" são corretas, então a Constituição deve ser feita de acordo com os desejos do povo japonês. Se esse tipo de Constituição for alcançada, os Estados Unidos devem alegrar-se com satisfação pelo nascimento de uma democracia verdadeira no Japão. (NAKASONE, 1999)

Apesar de, quando jovem, defender a revisão da Constituição, Nakasone mudou de opinião quando chegou ao poder em 1982. O que ele argumentava era que a nova Constituição aceitava o imperador como um símbolo do Estado e unidade do povo japonês, e isso refletia o papel imperial do período pré-Meiji. Pyle (2007) argumenta que Nakasone queria fazer algo jamais feito antes. O Japão iria criar um modelo para outros países ao invés de imitar os outros (*Ibidem*, p. 270). Por meio de suas políticas, conseguiu mudar um pouco a imagem de um Japão politicamente passivo. Em janeiro de 1983, Nakasone viajou a Seoul e aprovou um empréstimo que ligava os gastos militares coreanos com as defesas estratégicas do arquipélago. A sua visita foi um grande passo nas relações com a Coreia do Sul, sendo a primeira visita oficial feita por um Primeiro-Ministro àquele país no pós-guerra.

Após visitar a Coreia do Sul, na semana seguinte, Nakasone foi aos Estados Unidos. Ao conversar com o editor de *The Washington Post*, afirmou que "o Japão é o que eu chamaria de porta-aviões inafundável, e como tal, não irá aceitar intervenções de caças militares estrangeiros." (NAKASONE, 1999). Quando retornou a Tóquio, foi questionado na Dieta sobre o termo e procurou negar as implicações militaristas de sua metáfora.

Em novembro do mesmo ano, Nakasone liberou a exportação de tecnologia militar para os Estados Unidos por meio de um acordo de troca de tecnologia (*Exchange of Tecnology Agreement*). Em setembro de 1986, Nakasone concordou em participar do *Strategic Defense Initiative* (Guerra nas Estrelas), promovido pelo Presidente Reagan. Ainda comprometeu-se a ter completo e total controle do Mar do Japão, impedindo a passagem de navios soviéticos, declarando ainda um fim à discussão referente à revisão do Artigo 9º da Constituição. O discurso reacionário pró-independência caiu por terra.

Em questões internas, Nakasone tentou aumentar os gastos anuais para a defesa de 1% para 5-7%. Com resistência interna, conseguiu aumentar para 1,004%. Essa foi uma das primeiras frustrações em mudar a estratégia nacional (PYLE, 2007). Havia a sensação popular de que, com o aumento percentual do orçamento, poderia mudar a característica pacífica do país, pois os recursos estavam sendo destinados mais aos equipamentos do que ao pessoal técnico. Nakasone reforçou o poder militar japonês com apoio dos

Estados Unidos e desafiou as normas antimilitaristas na sociedade doméstica (HOOK *et al*, 2012, p. 137).

Além disso, propôs algumas reformas institucionais, pois para possuir um papel de líder internacional, as instituições sociais, econômicas e educacionais nacionais deveriam ser mais abertas, flexíveis e tolerantes à diversidade, agindo em prol das expectativas internacionais associadas ao novo papel. Entretanto, as reformas propostas foram frustradas, muitas vezes por causa do conservadorismo da burocracia. O sucesso da política anterior impediu mudança na direção da economia e da educação, fazendo Nakasone assumir que a reestruturação em curto prazo era impossível (PYLE, 2007, p. 274). Suas frustrações mostraram as limitações do sistema japonês. O conservadorismo impedia qualquer mudança na época, principalmente por causa da estrutura da Guerra Fria: "O Japão somente iria fazer mudanças fundamentais quando houvesse uma nova ordem na Ásia que o estimulasse a essa direção" (PYLE, 2007).

O político Shintaro Ishihara, autor da obra "O Japão que sabe dizer não" (1987), acreditava que era necessário uma maior atuação japonesa diante dos Estados Unidos. Sua obra foi escrita para ser veiculada apenas dentro do Japão, entretanto, no final da década de 1980, traduções não autorizadas começaram a circular pelos Estados Unidos. O livro, originalmente escrito em coautoria com Morita Akio, cofundador da Sony, ao ser traduzido a outros idiomas, teve algumas partes deixada de fora, inclusive capítulos de Morita.

Na obra, defendia que o Japão, na época da Guerra Fria, já possuía tecnologia mais avançada que a dos EUA, e por isso, deveria barganhar novas concessões ou vantagens.

Com o crescimento econômico, o autor acreditava que o país poderia exigir cada vez mais de Washington, e critica duramente a subordinação proveniente da Doutrina Yoshida.

Um assunto muito criticado por Ishihara é a questão do guarda-chuva nuclear dos EUA. O autor, por experiência própria, afirma que a noção de proteção que os EUA garantem é falsa, assim como a declaração de que o país é um *free-rider*. Afirma também que o conhecimento tecnológico japonês é o determinante para o poder militar norte-americano.

> Os japoneses têm sido induzidos a acreditar no mito da cobertura nuclear e nessas acusações de aproveitamento indevido. Têm sido induzidos também a pensar que devem alguma coisa aos Estados Unidos (dívida de gratidão). [...] Infelizmente, os políticos japoneses eram por demais ignorantes em assuntos militares e técnicos para refutar os mitos do "guarda-chuva" nuclear e da "carona" dos congressistas americanos. Por outro lado, a liderança americana reluta em admitir que a tecnologia japonesa é essencial à segurança nacional dos Estados Unidos. (ISHIHARA, 1991)

Apesar de Ishihara ter uma posição semelhante a de Nakasone em relação ao papel que o Japão deveria ter no sistema internacional, é um grande crítico da política externa japonesa para os Estados Unidos desse governo.

Quando Nakasone assinou o acordo de fornecimento de materiais militares aos Estados Unidos, Ishihara afirmava que o Primeiro Ministro havia entregado de graça a tecnologia japonesa, recebendo de volta apenas a amizade pessoal de Reagan. Para ele, a tecnologia militar japonesa era fundamental para os Estados Unidos, e o Primeiro-Ministro não soube negociar. Em seu livro, o político chama essa concessão de "o fracasso de Nakasone".

Em suma, o governo de Nakasone pode ser considerado uma ruptura na política externa japonesa, todavia, os atos eram diferentes de seus discursos. Seu nome estava atrelado à ala do PLD que defendia um novo país potência, inclusive militar. No período em que governou (1982 a 1987), o sentimento pacifista ainda estava muito forte na população, e a Doutrina Yoshida ainda tinha grande apoio político, mesmo após ter conseguido atingir seu objetivo: o Japão se tornara uma potência econômica durante a Guerra Fria, mas não passou disso. Seu poder político e militar, apesar de bem estruturado, não o davam suporte necessário para um papel mais proeminente nas relações internacionais. Nakasone percebeu que a melhor opção para seu país, dentro do contexto da Guerra Fria, era continuar no mesmo caminho.

A LÓGICA DA POLÍTICA EXTERNA E DA SEGURANÇA DO JAPÃO: UM BREVE DEBATE TEÓRICO

O Japão criou um modelo próprio de ascensão nas relações internacionais. É um Estado que não segue o modelo tradicional de ascensão (poder econômico gerando poder militar), como fizeram as grandes potências. Com o grande impulso econômico da década de 1950, muitos analistas acreditavam que o país seria uma nova Superpotência nas Relações Internacionais. Em 1970, o analista político e estrategista norte-americano Herman Kahn acreditava que sua década seria um período de transição, em que o Japão se tornaria uma Superpotência de fato, com capacidades econômicas, políticas e militares.

> Acredito, e neste livro o afirmo, que, dentro de dez ou vinte anos, o Japão atingirá quase inevitavelmente uma estatura econômica, tecnológica e financeira gigantesca, sendo muito provável que se torne financeira e politicamente poderoso nos assuntos internacionais e que termine esforçando-se por ser também uma potência militar. (KAHN, 1970, p. 9)

Além disso, previa que em cinco ou dez anos (de 1975 até 1980), o Japão se tornaria uma Superpotência Nuclear. (KAHN, 1970).

> Se sentissem [...] que a tradição da não proliferação se viesse tornando tão forte a ponto de os confrontar com a perspectiva de ficarem não nucleares pelo "resto da História" e que haveria apenas cinco potências nucleares, de sorte que eles se manteriam irremediavelmente como potência de segunda classe em sentidos muito importantes, inclusive políticos e militares, poderia incrementar-se seu desejo de obter armas nucleares. (KAHN, 1970, p. 229)

A política externa do Japão no pós-Segunda Guerra Mundial é considerada um quebra-cabeças a muitos analistas. A diplomata japonesa Sadako Okada (1988) afirma que a política externa do Japão, no geral, é marcada por uma ausência de pensamento estratégico. Samuels (2006) afirma que a linha de política externa japonesa gerada no pós-guerra é confusa e ineficiente, pois tenta manter quatro objetivos simultaneamente: ONU-centrismo, prioridade à Ásia, autônoma e consistente com a aliança com os Estados Unidos. Enquanto alguns autores acreditam que o Japão não desenvolveu um status claro nas relações internacionais, os vizinhos do arquipélago pensam o contrário: para a China e a Coreia, o Japão se prepara, novamente, para a dominação regional. Segundo Samuels (2006), analistas norte-americanos e europeus acreditam que o Japão fez uma escolha estratégica ao diminuir seu peso nas relações internacionais.

O que ocorreu é que os autores, ao preverem o papel que o Japão desempenharia no futuro, levaram em conta o caminho perseguido pelas potências tradicionais. O Japão não deve ser encarado como um Estado tradicional. Sua reinserção pós-guerra deu-se de forma única, diferenciando-o até da Alemanha, que vivencia condições semelhantes, por conta de questões regionais.

Diante da política externa japonesa desde a Ocupação até o fim da Guerra Fria, alguns autores tentaram incluir o país em modelos teóricos a fim de explicar a lógica japonesa. O debate em torno do papel desempenhado pelo Japão que ganhou força na última década foi sintetizado por teóricos das Relações Internacionais, como Kenneth Waltz (1993, 2008), Thomas Berger (1996, 1998), Peter Katzenstein (1996, 1998) e Stephen Brooks (1997).

Aparentemente, o Neorrealismo cumpre seu papel de modelo teórico em relação ao Japão: desde que o Japão retomou sua soberania, atua de forma racional a fim de maximizar seu poder. Isso explicaria a política voltada aos Estados Unidos, sendo o Japão um *free-rider*. Entretanto, um fator desafia o neorrealismo: a segurança "terceirizada" após sua recuperação econômica. Para os neorrealistas, a segurança está no topo da agenda estatal, fazendo parte das *high politics*. Até a década de 1970, a Doutrina Yoshida fazia muito sentido, entretanto, após o país atingir seu status de grande potência econômica, sua política de defesa continuou modesta. "Muitas ações, ou inações, que foram tomadas pelo Japão parecem confirmar a idéia de que o Japão é um sério quebra-cabeça para o realismo" (KAWASAKI, 2001, p. 222).

A corrente neorrealista previa o Japão como a próxima potência militar, e Waltz seguiu com essa previsão. Para ele, é apenas uma questão de tempo para o Japão armar-se, inclusive com armamentos nucleares (2008). Contudo, enquanto os realistas acreditavam que o Japão aumentaria seu poder político-militar na primeira oportunidade, ele fez o oposto (BERGER, 1996, p. 317). O autor australiano Hartwig Hummel (1996), ao fazer um estudo sobre o avanço dos gastos militares do Japão, afirma que o realismo não é capaz de explicar o comportamento japonês. Os gastos com defesa aumentaram na medida em que o PIB aumentava, contudo, continuavam modestos. Além disso, as ameaças soviéticas na década de 1970 em volta do Norte do Japão não modificaram a política de defesa do arquipélago.

Seguindo para os teóricos construtivistas, a reinserção internacional do Japão se deu por meio da construção de sua identidade nas relações internacionais. Para Katzenstein (1996), o Construtivismo é a melhor teoria para se analisar a política externa do Japão e a sua segurança, pois são majoritariamente formadas por fatores que a teoria realista exclui de sua análise (KATZENSTEIN, 1996, p. 129). De modo geral, a corrente explica o comportamento estatal pelas normas internas. Berger (1996, p. 318) afirma que a questão está além do debate sistêmico e que se deve analisar o âmbito doméstico. A história fez com que o sentimento antimilitarista fosse institucionalizado na política japonesa, fazendo parte da identidade nacional. Confirmando a hipótese de Berger, Yoshida Shigeru, quando Primeiro-Ministro, acreditava que o Japão deveria adotar a nova Constituição para mostrar à comunidade internacional a nova face do país, e internamente, a opinião pública era altamente favorável a essa posição, vistos os horrores que a guerra havia deixado. Além disso, a limitação de 1% do PIB aos gastos de defesa e os três princípios antinucleares também servem de exemplo. A norma antimilitarista, nesse caso, é responsável pela "inatividade" ou "passividade" do Japão nas questões de segurança, e isso não deve ser visto como um fator ruim ou negativo para o Estado.

O autor Tsuyoshi Kawasaki (2001) apresentou argumentos que refutam as duas correntes. Primeiramente, ficou claro que o neorrealismo não é capaz de explicar as ações do Japão ao longo das décadas, pois não se transformou em uma potência militar, como era previsto. Em segundo lugar, Kawasaki afirma que apesar da importante contribuição teórica, Katzenstein e Berger ignoram importantes fatores de análise, o que mostra a imprecisão da teoria proposta por eles. O primeiro problema da teoria de Katzenstein e Berger é a falta de menção do Dilema da Segurança. Para Kawasaki, o equilíbrio de poder é fundamental para entender a política externa japonesa. Em segundo lugar, Kawasaki afirma que o modelo construtivista de Katzenstein limita-se em relação ao interesse nacional do Japão. Kawasaki afirma que, para Katzenstein, o interesse nacional mal existe. "Em suma, o caso de Berger e Katzenstein não é tão convincente como eles o fazem parecer." (KAWASAKI, 2001, p. 227). Além disso, o Construtivismo não consegue explicar o aumento gradual das capacidades de defesa que ocorreu a partir da década de 1970. Nesse caso, o Construtivismo afirmava que uma vez institucionalizadas, as normas tendem a continuar existindo apesar de mudanças em fatores materiais (FINNEMORE; SIKKINK *apud* IZUMIKAWA, 2010).

Ainda, o autor Kei Wakaizumi (1973) afirma que a norma pacifista da sociedade japonesa já tendia a diminuir na década de 1970, principalmente no tocante à posse de armamentos nucleares. Os chineses acreditam que a busca pela "normalidade" é a aspiração na nação japonesa e não apenas de uma elite política conservadora (WANG, 2011). Em sua crítica ao modelo construtivista, Kawasaki aponta dois aspectos realistas: o equilíbrio de poder e o interesse nacional. Sendo assim, em seu artigo o autor traz um novo modelo realista criado por Stephen Brooks (1997), conhecido como Realismo Pós-Clássico. Esse modelo, segundo Kawasaki, é compatível com o comportamento do Japão no período da Guerra Fria e depois dela. Katzenstein (2008) afirma que o equilíbrio de poder defendido pelo realismo não fala nada sobre a direção do equilíbrio. Não indica contra qual polo será o equilíbrio de poder, e para definir a direção, é necessário verificar variáveis construtivistas e liberais.

A Teoria Realista Pós-Clássica de Stephen Brooks é uma tentativa de adaptar o Neorrealismo Estrutural ao comportamento do Japão e da Alemanha. Apesar de possuírem bases realistas, a teoria proposta por Brooks toma caminhos diferentes. Primeiramente, ambas têm foco no sistema, ambas são Estado-cêntricas, ambas enxergam as relações internacionais como altamente competitivas, ambas enxergam os Estados como egoístas que atuam por meio do *self-help*. As diferenças entre os dois tipos de Realismo são diversas: primeiramente, o neorrealismo afirma que os Estados estão sempre preocupados com sua segurança e colocam-na como um dos fatores mais importantes para o Estado, cuja lógica é preparar-se para o "pior cenário possível" (*worst case scenario*), mesmo que a possibilidade seja mínima (BROOKS, 1997, p. 446). Em contrapartida, o Realismo Pós-Clássico atenta à perspectiva "probabilidade X possibilidade". A corrente de Brooks afirma que os Estados racionais respondem a conflitos prováveis, e não apenas possíveis. Kawasaki explica que essa diferença é clara quando um Estado está diante de um Dilema da Segurança, cuja intensidade é baixa (probabilidade de maior conflito é baixa). Os neorrealistas preveem que o Estado irá se armar para o pior cenário possível, ou seja, um conflito armado. O problema é que essa atitude pode encorajar os outros a fazer o mesmo, aumentando a chance de uma guerra. Já o Realismo Pós-Clássico afirma que o Estado em questão preferirá manter-se na mesma posição a fim de não desequilibrar a dinâmica.

Além disso, o Realismo Pós-Clássico e o Neorrealismo oferecem duas posições diferentes em relação à prioridade do Estado no que se refere ao poder econômico e à segurança. Enquanto o Neorrealismo de Waltz coloca o poder econômico em segundo plano, o Realismo Pós-Clássico afirma que o Estado tem como prioridade o poder econômico estável e capaz de manter um poder militar mínimo que garanta sua segurança (BROOKS, 1997, p. 461). No mesmo ritmo, para os Neorrealistas, os altos custos para a segurança são justificáveis e aceitáveis. Na outra vertente, os Estados são mais sensíveis ao custo, ou seja, escolhem alternativas mais baratas sem deixar de lado o mínimo para manter sua segurança.

De acordo com as análises apresentadas, é possível perceber que a lógica da política externa japonesa foi de construir um poder político atrelado ao poder econômico. A escolha em não se constituir uma potência militar se deu diante das reações que surgiriam na região, afetando sua economia, que dependia do comércio internacional. Com as ameaças militares soviéticas, o país não tomou nenhuma providência imediata por dois motivos: primeiro, estava amparado pela aliança militar com os Estados Unidos; segundo, a probabilidade de agressão era baixa, não justificando o rearmamento e o possível desequilíbrio regional.

Ao formular a sua política, que seria seguida por décadas, Yoshida acreditava que o país se tornaria uma potência militar após atingir o status de potência econômica. Contudo, os próximos governantes deram mais atenção à economia, provavelmente porque contavam com a proteção norte-americana, o que parece ter sido o fator principal para que o comportamento japonês possa ser incluído na lógica realista pós-clássica.

CONSIDERAÇÕES FINAIS

AO LONGO DA HISTÓRIA do arquipélago nipônico, é possível verificar a existência de dois modelos de política externa: o primeiro diz respeito ao Império Nipônico, que iniciou sua política expansionista na segunda metade do século XIX e conseguiu equiparar-se com as grandes potências ocidentais por meio da força militar. Nesse período, a composição de um poder militar representou a garantia de sua autonomia perante os Estados europeus. Assim, o arquipélago repeliu o imperialismo europeu (e norte-americano) por meio do seu próprio imperialismo; e o outro, que se refere ao Japão derrotado, cuja economia e reconstrução dependiam profundamente de suas relações internacionais. Os dois modelos deram o status de grande potência ao país, contudo, com uma grande diferença: o elemento força. A ausência desse fator fez com que a sua reinserção internacional se realizasse sobre discursos e atos de caráter basicamente economicista, exigindo do país maior posicionamento e participação internacional nesse sentido, a fim de suprimir o baixo poder militar.

Desde a Restauração Meiji, o Japão mostra suas intenções de se tornar uma grande potência nas relações internacionais. O reconhecimento como polo de poder na Ásia por parte dos ocidentais fez o arquipélago aventurar-se em conflitos ainda maiores, mesmo sendo limitado em recursos energéticos. A potência militar da Ásia foi derrotada e rendeu-se incondicionalmente. Verificou-se que nos dois momentos pré e pós-guerra, o arquipélago assumiu uma identidade diferente da dos asiáticos, aproximando-se com os ocidentais. Os "arianos honorários" se tornaram o único asiático cuja economia estava entre as maiores do mundo nas últimas décadas do século XX.

Ainda no início do século, verificou-se a importância das alianças bilaterais de segurança na política externa japonesa. Por ser uma ilha cercada por nações inimigas, ter aliados era fundamental para sua segurança. Em 1902, o Japão assinou a Aliança Anglo-Japonesa com um parceiro que pretendia conter a expansão de outras potências na região. Pouco menos de cinquenta anos mais tarde, outra aliança foi assinada com outro parceiro, carregando as mesmas intenções de ambos os lados.

Finalmente com o fim da Primeira Guerra Mundial, o arquipélago posicionou-se de fato ao lado das grandes potências ocidentais ao assinar o Tratado de Versalhes e incluir-se no Conselho Executivo da Liga das Nações, além de tomar as posses alemãs na Ásia. Poucos anos mais tarde, os grandes poderes assinaram um acordo naval para limitar o crescimento das frotas japonesa, italiana e francesa.

Como consequência do fim da Segunda Guerra Mundial, a Ocupação teve início sob o comando dos Estados Unidos. A gestão do General MacArthur pode ser considerada a origem das boas relações entre os dois países ao longo da Guerra Fria. Os políticos japoneses entendiam que as Forças de Ocupação poderiam fazer o que desejassem no território nipônico, inclusive dividi-lo entre os vencedores, como havia sido feito na Alemanha poucos meses antes. As integridades social, política e territorial do arquipélago, surpreendentemente, foram mantidas por Washington, apesar das pressões internacionais, principalmente daqueles países que haviam sido agredidos pelas tropas japonesas.

As medidas executadas pelos Estados Unidos naquele período moldaram os rumos que a política externa seguiria após o retorno da soberania. O principal elemento herdado da época foi a Constituição de 1947. Ainda há muitas dúvidas em relação à origem verdadeira de alguns trechos desse documento, principalmente, sobre o Artigo 9º, em que o país abre mão de seu direito de manter Forças Armadas e de beligerância. Um dos políticos centrais da época, Yoshida Shigeru, é apresentado na literatura de forma ambígua quanto a sua posição diante da nova Lei Maior. Em suas memórias, apresentava-se a favor, contudo, em pesquisas norte-americanas, Yoshida aparecia como um dos maiores críticos quando da apresentação.

Entre todas as ações realizadas por MacArthur, é possível afirmar a importância que Washington via em manter o Japão estável socialmente e economicamente. Segundo Truman, a divisão da Alemanha havia sido um erro, e o Japão não deveria seguir o mesmo caminho. Na realidade, o que pôde ser observado ao fim da Ocupação era a importância do papel que o arquipélago desempenharia nas relações internacionais da Guerra Fria, principalmente após a Revolução Chinesa em 1949. Nesse âmbito, é incluída a recuperação da economia que demandou grandes esforços de Washington, uma vez que a instabilidade social poderia fazer os japoneses questionarem valores norte-americanos, como a democracia e o anticomunismo. Além disso, MacArthur demonstrou grande habilidade pessoal em lidar com a população nipônica, inclusive com apoio do Imperador.

O fim da Ocupação ocorreu por meio de um tratado que deu reconhecimento à soberania japonesa por parte de todos aqueles que haviam entrado em guerra contra aquele país. Para garantir que o arquipélago ficaria na zona de influência norte-americana, foi proposto um Tratado de Segurança Japão-EUA, que foi assinado no mesmo dia do Tratado de Paz de São Francisco, em oito de setembro de 1951. Esse tratado de segurança garantiu, ao longo da Guerra Fria, a presença militar norte-americana, que serviu para repelir qualquer ameaça militar ao território japonês.

Sob a proteção convencional e nuclear dos Estados Unidos, o Japão conseguiu desenvolver um comportamento baseado na reconstrução total de sua economia. Essa política ficou comumente conhecida como Doutrina Yoshida, por ter sido Yoshida Shigeru o maior defensor de seus princípios. Para ele, boas relações com os Estados Unidos garantiriam o crescimento japonês em uma época turbulenta, ameaçada por uma guerra nuclear. Assim, a Doutrina Yoshida buscava manter todos os reforços e recursos do país na reconstrução de sua economia, dando pouca importância a questões internacionais e de segurança. Em seus planos, a Constituição de 1947 tinha um papel central de impedir que o país caísse em armadilhas *(entrapments)* dos Estados Unidos.

A década de 1950 representou uma grande mudança na política de defesa do arquipélago. Em 1950, com a retirada de tropas norte-americanas do Japão ainda ocupado, MacArthur enviou uma mensagem ao governo japonês afirmando que as Forças Policiais eram relativamente pequenas em relação ao tamanho da população. A criação de uma Reserva Nacional Policial deu origem àquilo que, quatro anos mais tarde, foi chamado de Forças de Autodefesa. É importante citar que a interpretação constitucional mudava a fim de permitir mudanças relativas à defesa. Desde 1952, os Estados Unidos agiram a fim de descaracterizar essa nova Força, que inicialmente era mantida para segurança interna. Assim, Washington começou a equipá-la com tanques, caças e fragatas, dando capacidades defensivas contra ameaças externas. Isso pode ser entendido como um leve arrependimento norte-americano de ter desmilitarizado o Japão. Na Guerra Fria, o maior aliado na Ásia não poderia ficar desprotegido.

Yoshida acompanhou a evolução das Forças de Autodefesa, mudando de opinião, ao alegar que o Japão tinha o direito de autodefesa. Por conta de influências externas, as Forças de Autodefesa começaram a fazer parte da Doutrina Yoshida, mas sempre refutando a ideia de rearmamento.

Como em qualquer governo, Yoshida teve de enfrentar forte oposição na Dieta. O principal alvo da oposição era a subordinação aos Estados Unidos, que foi ilustrada pelo Tratado de Segurança de 1951. O acordo previa a concessão de partes do território nipônico às Forças militares dos Estados Unidos. Contudo, estes poderiam intervir nos assuntos internos quando achassem necessário e não havia cláusula que obrigava a intervenção norte-americana para proteger o aliado. Em dezembro de 1954, Yoshida renunciou. Como a principal crítica era o Tratado, seu sucessor,

Hatoyama, tentou deixá-lo mais igualitário aos dois lados. O sucesso veio apenas com Kishi Nobusuke, em 1957, que tinha grande apoio político por ser o primeiro líder do recém criado PLD. Kishi deu um viés nacionalista à política externa, e em 1960 conseguiu rever o tratado de segurança.

A década de 1960 foi marcada pela volta da Doutrina, o que abandonou as ideias nacionalistas de Kishi. Nesse período, o país alcançou o posto de sexta economia mundial. Não é possível afirmar que o pensamento de Yoshida somente trouxe benefícios ao país. Sua política de reconstrução econômica e de dependência militar dos Estados Unidos criou uma potência diferente. O Japão não podia executar sua política externa de forma autônoma. Como exemplo, toma-se o reconhecimento de Taiwan, a luta para o país integrar a ONU como membro efetivo, e a cautela ao aproximar-se da RPC às sombras das negociações em torno de Okinawa. Tóquio se via obrigado a seguir os passos de Washington, contudo, o apoio deste nem sempre era garantido.

Além disso, a falta de poder militar e menor envolvimento em assuntos internacionais fizeram do arquipélago uma potência "inferior". Para contornar as limitações impostas pela falta de poder militar, o Japão tentou mostrar-se à comunidade internacional como uma potência econômica amigável, responsável pela estabilidade mundial. Assim, ao mesmo tempo em que garantia mercados e matérias-primas, conseguia normalizar suas relações com seus vizinhos da Ásia por meio de sua ajuda externa. Além disso, a falta de poder militar fizeram do arquipélago uma potência "de segunda classe".

Para contornar as limitações impostas pela falta de poder militar, o Japão tentou mostrar-se à comunidade internacional como uma potência econômica amiga, responsável pela estabilidade mundial. Assim, ao mesmo tempo em que garantia mercados e matérias-primas, conseguia normalizar suas relações com seus vizinhos da Ásia por meio de sua ajuda externa. Para fortalecer seu status de potência, o país realizou grandes esforços para conseguir um assento permanente no Conselho de Segurança da ONU.

O poder militar japonês é um alvo de inúmeras discussões. Ao longo do período estudado, é possível perceber o desenvolvimento militar dentro discurso pacífico adotado pelo país. Quando a Constituição foi aceita, Yoshida afirmava que o direito de autodefesa não era reconhecido, uma vez que muitas guerras foram feitas em nome da defesa. Contudo, a partir da criação das Forças de Autodefesa, o arquipélago criou quatro planos de modernização, que dobravam seus orçamentos a cada edição. Além disso, o limite de 1% do PIB para a defesa tornava-se ilusório a partir do momento em que a economia japonesa passava pelo "milagre". O temor do abandono pelos Estados Unidos foi um grande impulsor do crescimento das capacidades de defesa.

A Política Básica de Defesa e o NDPO serviram para limitar oficialmente a capacidade militar do Japão a fins defensivos apenas. Contudo, não há consenso em torno do termo "defensivo". Recentes descobertas de acordos secretos mostram que apesar da norma pacífica e dos três princípios antinucleares, o Japão tinha a intenção de manter o máximo para garantir sua segurança, inclusive ogivas nucleares norte-americanas em seu território. O desenvolvimento e o envolvimento militar do país existiram, porém silenciosamente dentro da Doutrina Yoshida e sob uma Constituição, o que impedia uma participação mais forte na política internacional.

A reinserção internacional do Japão foi facilitada pelo contexto internacional da Guerra Fria. Diante das ameaças soviéticas, o arquipélago recebeu apoio estrangeiro e, ainda, encontrou pontos de convergência com a China, que se tornou um grande parceiro comercial. Ao fim do período, é possível afirmar que o país emergiu como uma grande potência econômica por opção. Nakasone, que tinha ideias opostas à Yoshida, percebeu ao chegar ao poder, que o melhor caminho a seguir na Guerra Fria era aquele que havia presenteado o Japão com o status de segunda maior economia. Uma mudança drástica poderia colocar tudo a perder, principalmente as relações comerciais, que agradavam os exportadores e a população interna pelo prestígio que lhe dava. Yoshida, aparentemente, criou um caminho sem volta.

REFERÊNCIAS BIBLIOGRÁFICAS

BENEDICT, Ruth. *O Crisântemo e a Espada*. São Paulo: Perspectiva, 2007.

BERGER, T. "Norms, identity, and national security in Germany and Japan". In: KATZENSTEIN, P. (Org.) *The Culture of National Security: norms and identity in world politics*. New York: Columbia University Press, 1996.

MOCHIZUKI, M. "Dealing with a Rising China". In: BERGER, Thomas; MOCHIZUKI, Mike; TSUCHIYAMA, Jistuo. (Org.) *Japan in international politics: the foreign policies of an Adaptative State*. Boulder: Lynne Rienner Publishers, 2007.

BERGNER, J. *The New Superpowers: Germany, Japan, the US and the new world order*. New York: St. Martins, 1991.

BIX, Herbert P. *Hirohito and the making of modern Japan*. New York: Perennial, 2000.

BRADLEY, James. *O Cruzeiro Imperial: uma história secreta de império e guerra.* São Paulo: Larousse, 2010.

BROOKS, S. Dueling realisms. *International Organization,* vol 51, n. 3, 1997.

COONEY, Kevin. *Japan's Foreign Policy since 1945.* Nova York: M.E. Sharpe, 2006.

CRONIN, Patrick; GREEN, Michael. *The U.S. – Japan Alliance: past, present, and future.* New York: Council on Foreign Relations, 1999.

CUMIN, D.; JOUBERT, J. *Le Japon: Puissance Nucléaire?* Paris: L'Harmattan, 2003.

DOBSON, Hugo; GILSON, Julie; HOOK, Glenn; HUGHES, Christopher. *Japan's international relations: politics, economics and security.* Oxon: Routledge, 2005.

_____. *Japan's international relations: politics, economics and security.* Oxon: Routledge, 2012.

DONALDON, R.; NOGEE, J. *The Foreign Policy of Russia: changing systems, enduring interests.* Nova York: M.E. Sharpe, 2009.

DOWER, John. *Embracing Defeat: Japan in the Wake of World War II.* Nova York: W.W. Norton & Co., 1999.

_____. *Empire and Aftermath: Yoshida Shigeru and the Japanese Experience 1878-1954.* Cambridge: Harvard University Press, 1988.

DRIFTE, R. *Japan's Foreign Policy for the 21st Century: from economic superpower to what power?.* New York: St. Martin's Press, 1998

_____. *Japan's Security Relations with China since 1989: from balancing to bandwagoning?*. New York: Routledge, 2003.

FINN, Richard. *Winners in Peace: MacArthur, Yoshida, and Postwar Japan*. Los Angeles: University of California Press, 1995.

GREEN, Michael. *Japan's reluctant realism*. New York: Palgrave Macmillan, 2003.

HERRING, G. *From Colony to Superpower: U.S. Foreign Relations since 1776*. New York: Oxford Press, 2008.

HOBSBAWM, E. *Era dos Extremos: o breve século XX*. São Paulo: Companhia das Letras, 2008.

HOLMES; YOSHIHARA. "Japan's Emerging Maritime Strategy: Out of Sync or Out of Reach?". *Comparative Strategy*, 2008.

HUGHES, C. "Japan's response to China's rise: regional engagement, global containment, dangers of collision." *International Affairs*, v. 85, n. 4, 2009.

_____. *Japan's re-emergence as a 'normal' military power*. Oxford: Oxford University Press: 2004.

_____. Why Japan could revise its Constitution and What it would mean for Japanese *Security Policy*. 2006.

HUMMEL, H. "Japan's Military Expenditures after the Cold War: the Realism of the Peace Dividend." *Australian Institute of International Affairs*, 1996.

IKEDA, H. "Discurso na 36a Sessão Extraordinária da Dieta". Disponível em: http://www.ioc.u-tokyo.ac.jp/~worldjpn/documents/indices/pm/58.html. Acesso em 10/01/2012.

IOKIBE, M. *The Diplomatic History of Postwar Japan.* New York: Routledge, 2009.

ISHIHARA, S. *O Japão que sabe dizer não.* São Paulo: Siciliano, 2001.

IZUMIKAWA, Y. Explaining Japanese Antimilitarism. *International Security.* v. 35, n. 2., Fall, 2010.

JAPÃO. *Constituição (1946).* The Constitution of Japan: promulgada em 03 de novembro de 1946.

JAPÃO. "National Defense Council. National Defense Program Outline: 29 de outubro de 1976". Disponível: http://www.ioc.u-tokyo.ac.jp/~worldjpn/documents/texts/docs/1976102 9.O1E.html. Acesso em 10/02/2012.

JAPÃO. *Dieta Nacional.* Law for Establishment of the Atomic Energy Commission and the Nuclear Safety Commission, de 19 de dezembro de 1955.

JAPÃO. *Dieta Nacional.* Atomic Energy Basic Act, de 19 de dezembro de 1955.

JAPÃO. *"Ministério da Defesa. Basic Policy on National Defense."* Disponível em: http://www.mod.go.jp/e/d_act/d_policy/dp02.html. Acesso em 10/01/2012.

KAHN, H. *Japão superpotência.* São Paulo: Melhoramentos, 1970.

KATZENSTEIN, P. *The Culture of National Security: norms and identity in world politics.* New York: Columbia University Press, 1996.

_____. *Cultural Norms and National Security: police and military in postwar Japan*. New York: Cornell University Press. 1998.

_____. *Rethinking Japanese Security: internal and external dimentions*. New York: Routlegde. 2008.

KAWASAKI, T. "Postclassical realism and Japanese security policy". *The Pacific Review*. v. 14, n. 2, 2001.

KEENE, D. *Emperor of Japan: Meiji and his world*. Nova York: Columbia, 2002.

KENNEDY, P. *The rise and fall of the Great Powers*. New York: Random House, 1989.

KOSEKI, S. *The Birth of Japan's Postwar Constitution*. Boulder: Westview Press, 1997.

KUPCHAN, C. *How enemies become friends: the sources of stable peace*. Princeton: Princeton University Press, 2010.

KURUSU, K. "Japan's struggle for UN membership in 1955". In: IOKIBE; ROSE; JUNKO; WESTE. (Orgs.) *Japanese Diplomacy in the 1950s: from isolation to integration*. Oxon: Routledge, 2008.

LAFEBER, W. *The Clash: U.S.-Japanese Relations throughout History*. New York: Norton, 1997.

LAFER, C. *A identidade internacional do Brasil e a Política Externa Brasileira*. São Paulo: Perspectiva, 2004.

LAMPTON, D. *Same Bed, Different Dreams: Managing U.S. – China Relations, 1989-2000*. Los Angeles: University of California Press, 2002

MACARTHUR, Douglas. *Reminiscences*. Nova Iorque: Ed. McGraw-Hill, 1964.

MAEDA, T. *The hidden Army: the untold history of Japan's Military Forces*. Carol Stream: Edition q, 1995.

MAGALHÃES, Fernanda. *6 de agosto de 1945: um clarão no céu de Hiroshima*. São Paulo: Companhia Editora Nacional, 2005.

MEE JR, Charles L. *Paz em Berlim: a Conferência de Potsdam em 1945 e seu mister de encerrar a Segunda Guerra Mundial*. Rio de Janeiro: Nova Fronteira, 2007.

MOORE, Ray; ROBINSON, Donald. *Partners for Democracy: crafting the New Japanese State under MacArthur*. Nova York: Oxford, 2002.

NAKASONE, Y. *The Making of the New Japan: Reclaiming the Political Mainstream*. Surrey: Curzon, 1999.

OFFER OF SURRENDER FROM JAPANESE GOVERNMENT (DEPARTMENT OF STATE BULLETIN, VOL. XIII, NO. 320, AUG. 12, 1945). Disponível em: http://www.ibiblio.org/pha/ policy/1945/450729a.htm Acesso em 01/05/2010.

PAN, L. *The United Nations in Japan's Foreign and Security Policymaking, 1945-1992*. Cambridge: Harvard University Press, 2005.

PECEQUILO, C. *A Política Externa dos Estados Unidos*. Porto Alegre: UFRGS, 2005.

PYLE, Kenneth B. *Japan Rising: the resurgence of Japanese power and purpose*. Nova York: Public Affairs, 2007.

SAKAMOTO, K. "Conditions of an independent state: Japanese diplomacy in the 1950s". In: IKOIBE, M. (Orgs.) *The Diplomatic History of Postwar Japan*. New York: Routledge, 2009.

SAMUELS, R. Japan's Goldilock Strategy. *The Washington Quarterly*, Autumn, 2006.

SEBATA, T. *Japan's Defense Policy and Bureaucratic Politics: 1976-2007*. Lanham: UPA, 2010.

SIGNED paper confirms secret pact on Okinawa reversion. *The Japan Times*. 23 dez. 2011. Disponível em: http://www.japantimes.co.jp/news/2011/12/23/national/signed-paper-confirms-secret-pact-on-okinawa-reversion/ >. Acesso em 11 jan. 2012.

SODEI, R. *MacArthur no ninsen nichi* [dois mil dias de MacArhur]. Tóquio: Chuo Koronsha, 1964.

SOEYA; TADOKORO; WELCH. (Orgs.). *Japan's as a 'normal country'?* Toronto: University of Toronto Press, 2011.

SOLINGEN, Etel. *Nuclear Logics: contrasting paths in East Asia & the Middle East*. Princeton: Princeton, 2007.

SUDO, S. *The International Relations of Japan and South East Asia*. New York: Routledge, 2002.

SUGITA, Yoneyuki. *Pitfall or Panacea: The irony of US Power in Occupied Japan: 1945-1952*. Nova York: Routledge. 2003.

TADOKORO, M. "The model of an economic power: Japanese diplomacy in the 1960s". In: IOKIBE, M. *The Diplomatic History of Postwar Japan*. New York: Routledge, 2009.

TAKEMAE, Eiji. *The Allied Occupation of Japan.* Nova York: Continuum. 2002.

TOGO, Kazuhiko. *Japan's Foreign Policy 1945-2003: The Quest for a Proactive Policy.* Brill Academic Pub, 2005.

U. S. INITIAL POST-SURRENDER POLICY FOR JAPAN. 1945. Disponível em: http://www.ndl.go.jp/constitution/e/shiryo/01/022/022tx.html Acesso em 01/05/2010.

U.S. DEPARTMENT OF STATE. *Occupation of Japan: policy and progress.* Honolulu: University Press of the Pacific, 2004.

U.S. NATIONAL SECURITY COUNCIL. National Security Memorandum 122. 15 de abril de 1971. Disponível em: http://www.nixonlibrary.gov/virtuallibrary/documents/nssm/nssm_122.pdf. Acesso em 10/12/2011.

WAKAIZUMI, K. Japan's Role in a New World Order. *Foreign Affairs.* v. 51, n. 2, jan. 1973.

WALTZ, K. The emerging structure of international politics. *International Security* v. 18, n. 2, 1993.

_____. *Realism and International Politics.* Nova York: Routledge, 2008.

WANG, J. "Chinese discourse on Japan as a 'Normal Country'". In: SOEYA; TADOKORO; WELCH. (Orgs.) *Japan's as a 'normal country'?* Toronto: University of Toronto Press, 2011.

WANG, Q. *Hegemonic Cooperation and Conflict: Postwar Japan's China Policy and the United States.* Westport: Praeger, 2000.

WORLD NUCLEAR ASSOCIATION. *Nuclear Power in Japan.* Disponível em: http:// www.world-nuclear.org/info/inf79.html. Acesso em 10/01/2012.

YOSHIDA, S. *Last Meiji Man.* Lanham: Rowman & Littlefield, 1961.

ANEXOS

ANEXO 1. PRIMEIROS-MINISTROS DO JAPÃO
SOBRENOME, NOME

Primeiro-Ministro	Início	Fim
Yoshida Shigeru	mai/46	mai/47
Katayama Tetsu	mai/47	mar/48
Ashia Hitoshi	mar/48	out/48
Yoshida Shigeru	out/48	dez/54
Hatoyama Ichirô	dez/54	dez/56
Ishibashi Tanzan	dez/56	fev/57
Kishi Nobusuke	fev/57	jul/60
Ikeda Hayato	jul/60	nov/64
Sato Eisaku	nov/64	jul/72
Tanaka Kakuei	jul/72	dez/74
Miki Takeo	dez/74	dez/76
Fukuda Takeo	dez/76	dez/78
Ohira Masayoshi	dez/78	jul/80
Suzuki Zenko	jul/80	nov/82
Nakasone Yasuhiro	nov/82	nov/87
Takeshita Noboru	nov/87	jun/89
Uno Sosuke	jun/89	ago/89
Kaifu Toshiki	ago/89	nov/91
Miyazawa Kiichi	nov/91	ago/93
Hosokawa Morihiro	ago/93	abr/94

ANEXO 2. CONSTITUIÇÃO DO JAPÃO

Preâmbulo e Artigo 9º

We, the Japanese people, acting through our duly elected representatives in the National Diet, determined that we shall secure for ourselves and our posterity the fruits of peaceful cooperation with all nations and the blessings of liberty throughout this land, and resolved that never again shall we be visited with the horrors of war through the action of government, do proclaim that sovereign power resides with the people and do firmly establish this Constitution. Government is a sacred trust of the people, the authority for which is derived from the people, the powers of which are exercised by the representatives of the people, and the benefits of which are enjoyed by the people. This is a universal principle of mankind upon which this Constitution is founded. We reject and revoke all constitutions, laws, ordinances and rescripts in conflict herewith.

We, the Japanese people, desire peace for all time and are deeply conscious of the high ideals controlling human relationship, and we have determined to preserve our security, and existence, trusting in the justice and faith of the peace-loving peoples of the world. We desire to occupy an honored place in an international society striving for the preservation of peace, and the banishment of tyranny and slavery, oppression and intolerance for all time from the earth. We recognize that all peoples of the world have the right to live in peace, free from fear and want.

We believe that no nation is responsible to itself alone, but that laws of political morality are universal; and that obedience to such laws is incumbent upon all nations who would sustain their own sovereignty and justify their sovereign relationship with other nations.

We, the Japanese people, pledge our national honor to accomplish these high ideals and purposes with all our resources.

Article 9

Aspiring sincerely to an international peace based on justice and order, the Japanese people forever renounce war as a sovereign right of the nation and the threat or use of force as means of settling international disputes.

In order to accomplish the aim of the preceding paragraph, land, sea, and air forces, as well as other war potential, will never be maintained. The right of belligerency of the state will not be recognized.

ANEXO 3.
SECURITY TREATY BETWEEN JAPAN AND THE UNITED STATES OF AMERICA
(TRATADO DE SEGURANÇA ENTRE O JAPÃO E OS ESTADOS UNIDOS DA AMÉRICA)

8 DE SETEMBRO DE 1951

Japan has this day signed a Treaty of Peace with the Allied Powers. On the coming into force of that Treaty, Japan will not have the effective means to exercise its inherent right of self-defense because it has been disarmed.

There is danger to Japan in this situation because irresponsible militarism has not yet been driven from the world. Therefore Japan desires a Security Treaty with the United States of America to come into force simultaneously with the Treaty of Peace between Japan and the United States of America.

The Treaty of Peace recognizes that Japan as a sovereign nation has the right to enter into collective security arrangements, and further, the Charter of the United Nations recognizes that all nations possess an inherent right of individual and collective self-defense.

In exercise of these rights, Japan desires, as a provisional arrangement for its defense, that the United States of America should maintain armed forces of its own in and about Japan so as to deter armed attack upon Japan.

The United States of America, in the interest of peace and security, is presently willing to maintain certain of its armed forces in and about Japan, in the expectation, however, that Japan will itself increasingly assume responsibility for its own defense against direct and indirect aggression, always avoiding any armament which could be an offensive threat or serve other than to promote peace and security in accordance with the purposes and principles of the United Nations Charter.

Accordingly, the two countries have agreed as follows:

ARTICLE I

Japan grants, and the United States of America accepts, the right, upon the coming into force of the Treaty of Peace and of this Treaty, to dispose United States land, air and sea forces in and about Japan. Such forces may be utilized to contribute to the maintenance of international peace and security in the Far East and to the security of Japan against armed attack from without, including assistance given at the express request of the Japanese Government to put down large-scale internal riots and disturbances in Japan, caused through instigation or intervention by an outside power or powers.

ARTICLE II

During the exercise of the right referred to in Article I, Japan will not grant, without the prior consent of the United States of America, any bases or any rights, powers or authority whatsoever, in or relating to bases or the right of garrison or of maneuver, or transit of ground, air or naval forces to any third power.

ARTICLE III

The conditions which shall govern the disposition of armed forces of the United States of America in and about Japan shall be determined by administrative agreements between the two Governments.

ARTICLE IV

This Treaty shall expire whenever in the opinion of the Governments of Japan and the United States of America there shall have come into force such United Nations arrangements or such alternative individual or collective security dispositions as will satisfactorily provide for the maintenance by the United Nations or otherwise of international peace and security in the Japan Area.

ARTICLE V

This Treaty shall be ratified by Japan and the United States of America and will come into force when instruments of ratification thereof have been exchanged by them at Washington.

IN WITNESS WHEREOF the undersigned Plenipotentiaries have signed this Treaty.

DONE in duplicate at the city of San Francisco, in the Japanese and English languages, this eighth day of September, 1951.

FOR JAPAN:
Shigeru Yoshida

FOR THE UNITED STATES OF AMERICA;
Dean Acheson
John Foster Dulles
Alexander Wiley
Styles Bridges

ANEXO 4.

TREATY OF MUTUAL COOPERATION AND SECURITY BETWEEN THE UNITED STATES AND JAPAN (TRATADO DE COOPERAÇÃO MÚTUA E DE SEGURANÇA ENTRE OS ESTADOS UNIDOS E JAPÃO)

19 DE JANEIRO DE 1960

ARTICLE I

The Parties undertake, as set forth in the Charter of the United Nations, to settle any international disputes in which they may be involved by peaceful means in such a manner that international peace and security and justice are not endangered and to refrain in their international relations from the threat or use of force against the territorial integrity or political independence of any state, or in any other manner inconsistent with the purposes of the United Nations. The Parties will endeavor in concert with other peace-loving countries to strengthen the United Nations so that its mission of maintaining international peace and security may be discharged more effectively.

ARTICLE II

The Parties will contribute toward the further development of peaceful and friendly international relations by strengthening their free institutions, by bringing about a better understanding of the principles upon which these institutions are founded, and by promoting conditions of stability and well-being. They will seek to eliminate conflict in their international economic policies and will encourage economic collaboration between them.

ARTICLE III

The Parties, individually and in cooperation with each other, by means of continuous and effective self-help and mutual aid will maintain and develop, subject to their constitutional provisions, their capacities to resist armed attack.

ARTICLE IV

The Parties will consult together from time to time regarding the implementation of this Treaty, and, at the request of either Party, whenever the security of Japan or international peace and security in the Far East is threatened.

ARTICLE V

Each Party recognizes that an armed attack against either Party in the territories under the administration of Japan would be dangerous to its own peace and safety and declares that it would act to meet the common danger in accordance with its constitutional provisions and processes. Any such armed attack and all measures taken as a result thereof shall be immediately reported to the Security Council of the United Nations in accordance with the provisions of Article 51 of the Charter. Such measures shall be terminated when the Security Council has taken the measures necessary to restore and maintain international peace and security.

ARTICLE VI

For the purpose of contributing to the security of Japan and the maintenance of international peace and security in the Far East, the United States of America is granted the use by its land, air and naval forces of facilities and areas in Japan. The use of these facilities and areas as well as the status of United States armed forces in Japan shall be governed by a separate agreement, replacing the Administrative Agreement under Article III of the Security Treaty between Japan and the United States of America, signed at Tokyo on February 28, 1952, as amended, and by such other arrangements as may be agreed upon.

ARTICLE VII

This Treaty does not affect and shall not be interpreted as affecting in any way the rights and obligations of the Parties under the Charter of the United Nations or the responsibility of the United Nations for the maintenance of international peace and security.

ARTICLE VIII

This Treaty shall be ratified by Japan and the United States of America in accordance with their respective constitutional processes and will enter into force on the date on which the instruments of ratification thereof have been exchanged by them in Tokyo.

ARTICLE IX

The Security Treaty between Japan and the United States of America signed at the city of San Francisco on September 8, 1951 shall expire upon the entering into force of this Treaty.

ARTICLE X

This Treaty shall remain in force until in the opinion of the Governments of Japan and the United States of America there shall have come into force such United Nations arrangements as will satisfactorily provide for the maintenance of international peace and security in the Japan area.

However, after the Treaty has been in force for ten years, either Party may give notice to the other Party of its intention to terminate the Treaty, in which case the Treaty shall terminate one year after such notice has been given.

IN WITNESS WHEREOF the undersigned Plenipotentiaries have signed this Treaty.

DONE in duplicate at Washington in the Japanese and English languages, both equally authentic, this 19th day of January, 1960.

FOR JAPAN:

Nobusuke Kishi
Aiichiro Fujiyama
Mitsujiro Ishii
Tadashi Adachi
Koichiro Asakai

FOR THE UNITED STATES OF AMERICA:

Christian A. Herter
Douglas MacArthur 2nd
J. Graham Parsons

ANEXO 5
JOINT STATEMENT OF JAPANESE PRIME MINISTER EISAKU SATO AND U.S. PRESIDENT RICHARD NIXON (COMUNICADO CONJUNTO DO PRIMEIRO-MINISTRO JAPONÊS EISAKU SATO E O PRESIDENTE DOS ESTADOS UNIDOS RICHARD NIXON)

WASHINGTON, 21 DE NOVEMBRO DE 1969

1. President Nixon and Prime Minister Sato met in Washington on November 19, 20 and 21, 1969 to exchange views on the present inter-national situation and on other matters of mutual interest to the United States and Japan.

2. The President and the Prime Minister recognized that both the United States and Japan have greatly benefited from their close association in a variety of fields, and they declared that guided by their common principles of democracy and liberty, the two countries would maintain and strengthen their fruitful cooperation in the continuing search for world peace and prosperity and in particular for the relaxation of inter-national tensions. The President expressed his and his government's deep interest in Asia and stated his belief that the United States and Japan should cooperate in contributing to the peace and prosperity of the region. The Prime Minister stated that Japan would make further active contributions to the peace and prosperity of Asia.

3. The President and the Prime Minister exchanged frank views on the current international situation, with particular attention to developments in the Far East. The President, while emphasizing that the countries in the area

were expected to make their own efforts for the stability of the area, gave assurance that the United States would continue to contribute to the maintenance of international peace and security in the Far East by honoring its defense treaty obligations in the area. The Prime Minister, appreciating the determination of the United States, stressed that it was important for the peace and security of the Far East that the United States should be in a position to carry out fully its obligations referred to by the President. He further expressed his recognition that, in the light of the present situation, the presence of United States forces in the Far East constituted a mainstay for the stability of the area.

4. The President and the Prime Minister specifically noted the continuing tension over the Korean peninsula. The Prime Minister deeply appreciated the peacekeeping efforts of the United Nations in the area and stated that the security of the Republic of Korea was essential to Japan's own security. The President and the Prime Minister shared the hope that Communist China would adopt a more cooperative and constructive attitude in its external relations. The President referred to the treaty obligations of his country to the Republic of China which the United States would uphold. The Prime Minister said that the maintenance of peace and security in the Taiwan area was also a most important factor for the security of Japan. The President described the earnest efforts made by the United States for a peaceful and just settlement of the Viet-Nam problem. The President and the Prime Minister expressed the strong hope that the war in Viet-Nam would be concluded before the return of the administrative rights over Okinawa to Japan. In this connection,

they agreed that, should peace in Viet-Nam not have been realized by the time reversion of Okinawa is scheduled to take place, the two governments would-fully consult with each other in the light of the situation at that time so that reversion would be accomplished without affecting the United States efforts to assure the South Vietnamese people the opportunity to determine their own political future without outside interference. The Prime Minister stated that Japan was exploring what role she could play in bringing about stability in the Indo-China area.

5. In light of the current situation and the prospects in the Far East, the President and the Prime Minister agreed that they highly valued the role played by the Treaty of Mutual Cooperation and Security in maintaining the peace and security of the Far East including Japan, and they affirmed the intention of the two governments firmly to maintain the Treaty on the basis of mutual trust and common evaluation of the international situation. They further agreed that the two governments should maintain close contact with each other on matters affecting the peace and security of the Far East including Japan, and on the implementation of the Treaty of Mutual Cooperation and Security.

6. The Prime Minister emphasized his view that the time had come to respond to the strong desire of the people of Japan, of both the mainland and Okinawa, to have the administrative rights over Okinawa returned to Japan on the basis of the friendly relations between the United States and Japan and thereby to restore Okinawa to its normal status. The President expressed appreciation of the Prime Minister's

view. The President and the Prime Minister also recognized the vital role played by United States forces in Okinawa in the present situation in the Far East. As a result of their discussion, it was agreed that the mutual security interests of the United States and Japan could be accommodated within arrangements for the return of the administrative rights over Okinawa to Japan. They therefore agreed that the two governments would immediately enter into consultations regarding specific arrangements for accomplishing the early reversion of Okinawa without detriment to the security of the Far East including Japan. They further agreed to expedite the consultations with a view to accomplishing the reversion during 1972 subject to the conclusion of these specific arrangements with the necessary legislative support. In this connection, the Prime Minister made clear the intention of his government, following reversion, to assume gradually the responsibility for the immediate defense of Okinawa as part of Japan's defense efforts for her own territories. The President and the Prime Minister agreed also that the United States would retain under the terms of the Treaty of Mutual Cooperation and Security such military facilities and areas in Okinawa as required in the mutual security of both countries.

7. The President and the Prime Minister agreed that, upon return of the administrative rights, the Treaty of Mutual Cooperation and Security and its related arrangements would apply to Okinawa without modification thereof. In this connection, the Prime Minister affirmed the recognition of his government that the security of Japan could not be adequately maintained without international peace and security in the Far East and, therefore, the security of

countries in the Far East was a matter of serious concern for Japan. The Prime Minister was of the view that, in the light of such recognition on the part of the Japanese Government, the return of the administrative rights over Okinawa in the manner agreed above should not hinder the effective discharge of the international obligations assumed by the United States for the defense of countries in the Far East including Japan. The President replied that he shared the Prime Minister's view.

8. The Prime Minister described in detail the particular sentiment of the Japanese people against nuclear weapons and the policy of the Japanese Government reflecting such sentiment. The President expressed his deep understanding and assured the Prime Minister that, without prejudice to the position of the United States Government with respect to the prior consultation system under the Treaty of Mutual Cooperation and Security, the reversion of Okinawa would be carried out in a manner consistent with the policy of the Japanese Government as described by the Prime Minister.

9. The President and the Prime Minister took note of the fact that there would be a number of financial and economic problems, including those concerning United States business interests in Okinawa, to be solved between the two countries in connection with the transfer of the administrative rights over Okinawa to Japan and agreed that detailed discussions relative to their solution would be initiated promptly.

10. The President and the Prime Minister, recognizing the complexity of the problems involved in the reversion of

Okinawa, agreed that the two governments should consult closely and cooperate on the measures necessary to assure a smooth transfer of administrative rights to the Japanese Government in accordance with reversion arrangements to be agreed to by both governments. They agreed that the United States-Japan Consultative Committee in Tokyo should undertake overall responsibility for this preparatory work. The President and the Prime Minister decided to establish in Okinawa a Preparatory Commission in place of the existing Advisory Cornmittee to the High Commissioner of the Ryukyu Islands for the purpose of consulting and co-ordinating locally on measures relating to preparation for the transfer of administrative rights, including necessary assistance to the Government of the Ryukyu Islands. The Preparatory Commission will be composed of a represen- -tative of the Japanese Government with ambassadorial rank and the High Commissioner of the Ryukyu Islands, with the Chief Executive of the Government of the Ryukyu Islands acting as adviser to the Cornmission. The Commission will report and make recommendations to the two governments through the United States-Japan Consultative Committee.

11. The President and the Prime Minister expressed their conviction that a mutually satisfactory solution of the question of the return of the administrative rights over Okinawa to Japan, which is the last of the major issues between the two countries arising from the Second World War, would further strengthen United States-Japan relations, which are based on friendship and mutual trust and would make a major contribution to the peace and security of the Far East.

12. In their discussion of economic matters, the President and the Prime Minister noted the marked growth in economic relations between the two countries. They also acknowledged that the leading positions which their countries occupy in the world economy impose important responsibilities on each for the maintenance and strengthening of the international trade and monetary system, especially in the light of the current large imbalances in trade and payments. In this regard, the President stressed his determination to bring inflation in the United States under control. He also reaffirmed the commitment of the United States to the principle of promoting freer trade. The Prime Minister indicated the intention of the Japanese Government to accelerate rapidly the reduction of Japan's trade and capital restrictions. Specifically, he stated the intention of the Japanese Government to remove Japan's residual import quota restrictions over a broad range of products by the end of 1971, and to make maximum efforts to accelerate the liberalization of the remaining items. He added that the Japanese Government intends to make periodic reviews of its liberalization program with a view to implementing trade liberalization at a more accelerated pace than hitherto. The President and the Prime Minister agreed that their respective actions would further solidify the foundation of overall United States-Japan relations.

13. The President and the Prime Minister agreed that attention to the economic needs of the developing countries was essential to the development of international peace and stability. The Prime Minister stated the intention of the Japanese Government to expand and improve its aid programs in Asia commensurate with the economic growth of Japan.

The President welcomed this statement and confirmed that the United States would continue to contribute to the economic development of Asia. The President and the Prime Minister recognized that there would be major requirements for the post--war rehabilitation of Viet-Nam and elsewhere in Southeast Asia. The Prime Minister stated the intention of the Japanese Government to make a substantial contribution to this end.

14. The Prime Minister congratulated the President on the successful moon landing of Apollo XII, and expressed the hope for a safe journey back to earth for the astronauts. The President and the Prime Minister agreed that the exploration of space offers great opportunities for expanding cooperation in peaceful scientific projects among all nations. In this connection, the Prime Minister noted with pleasure that the United States and Japan last summer had concluded an agreement on space cooperation. The President and the Prime Minister agreed that implementation of this unique program is of importance to both countries.

15. The President and the Prime Minister dis-cussed prospects for the promotion of arms control and the slowing down of the arms race. The President outlined his government's efforts to initiate the strategic arms limitations talks with the Soviet Union that have recently started in Helsinki. The Prime Minister expressed his government's strong hope for the success of these talks. The Prime Minister pointed out his country's strong and traditional interest in effective disarmament measures with a view to achieving general and complete disarmament under strict and effective international control.

ANEXO 6
JOINT COMMUNIQUE OF THE GOVERNMENT OF JAPAN AND THE GOVERNMENT OF THE PEOPLE'S REPUBLIC OF CHINA
(COMUNICADO CONJUNTO DO GOVERNO DO JAPÃO E DO GOVERNO DA REPÚBLICA POPULAR DA CHINA)

29 DE SETEMBRO DE 1972

Prime Minister Kakuei Tanaka of Japan visited the People's Republic of China at the invitation of Premier of the State Council Chou En-lai of the People's Republic of China from September 25 to September 30, 1972. Accompanying Prime Minister Tanaka were Minister for Foreign Affairs Masayoshi Ohira, Chief Cabinet Secretary Susumu Nikaido and other government officials.

Chairman Mao Tse-tung met Prime Minister Kakuei Tanaka on September 27. They had an earnest and friendly conversation.

Prime Minister Tanaka and Minister for Foreign Affairs Ohira had an earnest and frank exchange of views with Premier Chou En-lai and Minister for Foreign Affairs Chi Peng-fei in a friendly atmosphere throughout on the question of the normalization of relations between Japan and China and other problems between the two countries as well as on other matters of interest to both sides, and agreed to issue the following Joint Communique of the two Governments:

Japan and China are neighbouring countries, separated only by a strip of water with a long history of traditional friendship. The peoples of the two countries earnestly desire to put an end to the abnormal state of affairs that has hitherto existed between the two countries. The realization of the aspiration of the two peoples for the termination of the state of war and the normalization of relations between Japan and China will add a new page to the annals of relations between the two countries.

The Japanese side is keenly conscious of the responsibility for the serious damage that Japan caused in the past to the Chinese people through war, and deeply reproaches itself. Further, the Japanese side reaffirms its position that it intends to realize the normalization of relations between the two countries from the stand of fully understanding "the three principles for the restoration of relations" put forward by the Government of the People's Republic of China. The Chinese side expresses its welcome for this.

In spite of the differences in their social systems existing between the two countries, the two countries should, and can, establish relations of peace and friendship. The normalization of relations and development of good-neighborly and friendly relations between the two countries are in the interests of the two peoples and will contribute to the relaxation of tension in Asia and peace in the world.

1. The abnormal state of affairs that has hitherto existed between Japan and the People's Republic of China is terminated on the date on which this Joint Communique is issued.

2. The Government of Japan recognizes that Government of the People's Republic of China as the sole legal Government of China.

3. The Government of the People's Republic of China reiterates that Taiwan is an inalienable part of the territory

of the People's Republic of China. The Government of Japan fully understands and respects this stand of the Government of the People's Republic of China, and it firmly maintains its stand under Article 8 of the Postsdam Proclamation.

4. The Government of Japan and the Government of People's Republic of China have decided to establish diplomatic relations as from September 29, 1972. The two Governments have decided to take all necessary measures for the establishment and the performance of the functions of each other's embassy in their respective capitals in accordance with international law and practice, and to exchange ambassadors as speedily as possible.

5. The Government of the People's Republic of China declares that in the interest of the friendship between the Chinese and the Japanese peoples, it renounces its demand for war reparation from Japan.

6. The Government of Japan and the Government of the People's Republic of China agree to establish relations of perpetual peace and friendship between the two countries on the basis of the principles of mutual respect for sovereignty and territorial integrity, mutual non-aggression, non-interference in each other's internal affairs, equality and mutual benefit and peaceful co-existence.
The two Governments confirm that, in conformity with the foregoing principles and the principles of the Charter of the United Nations, Japan and China shall in their mutual relations settle all disputes by peaceful means and shall refrain from the use or threat of force.

7. The normalization of relations between Japan and China is not directed against any third country. Neither of the two countries should seek hegemony in the Asia-Pacific region and each is opposed to efforts by any other country or group of countries to establish such hegemony.

8. The Government of Japan and the Government of the People's Republic of China have agreed that, with a view to solidifying and developing the relations of peace and friendship between the two countries, the two Governments will enter into negotiations for the purpose of concluding a treaty of peace and friendship.

9. The Government of Japan and the Government of the People's Republic of China have agreed that, with a view to further promoting relations between the two countries and to expanding interchanges of people, the two Governments will, as necessary and taking account of the existing non-governmental arrangements, enter into negotiations for the purpose of concluding agreements concerning such matters as trade, shipping, aviation, and fisheries.

Done at Peking, September 29, 1972

Prime Minister of Japan
Minister for Foreign Affairs of Japan
Premier of the State Council of the People's Republic of China
Minister for Foreign Affairs of the People's Republic of China

ANEXO 7

TREATY OF PEACE AND FRIENDSHIP BETWEEN JAPAN AND THE PEOPLE'S REPUBLIC OF CHINA (TRATADO DE PAZ E DE AMIZADE ENTRE JAPÃO E REPÚBLICA POPULAR DA CHINA)

12 DE AGOSTO DE 1978

Japan and the People's Republic of China, recalling with satisfaction that since the Government of Japan and the Government of the People's Republic of China issued a Joint Communique in Peking on September 29, 1972, the friendly relations between the two Governments and the peoples of the two countries have developed greatly on a new basis.

Confirming that the above-mentioned Joint Communique constitutes the basis of the relations of peace and friendship between the two countries and that the principles enunciated in the Joint Communique should be strictly observed. Confirming that the principles of the Charter of the United Nations should be fully respected.

Hoping to contribute to peace and stability in Asia and in the world.

For the purpose of solidifying and developing the relations of peace and friendship between the two countries.

Have resolved to conclude a Treaty of Peace and Friendship and for that purpose have appointed as their Plenipotentiaries:

Japan: Minister for Foreign Affairs Sunao Sonoda
People's Republic of China: Minister of Foreign Affairs Huang Hua

Who, having communicated to each other their full powers, found to be in good and due form, have agreed as follows:

[Article I]

1. The Contracting Parties shall develop relations of perpetual peace and friendship between the two countries on the basis of the principles of mutual respect for sovereignty and territorial integrity, mutual non-aggression, non-interference in each other's internal affairs, equality and mutual benefit and peaceful co-existence.

2. The Contracting Parties confirm that, in conformity with the foregoing principles and the principles of the Charter of the United Nations, they shall in their mutual relations settle all disputes by peaceful means and shall refrain from the use or threat of force.

[Article II]

The Contracting Parties declare that neither of them should seek hegemony in the Asia-Pacific region or in any other region and that each is opposed to efforts by any other country or group of countries to establish such hegemony.

[Article III]

The Contracting parties shall, in the good-neighborly and friendly spirit and in conformity with the principles of equality and mutual benefit and non-interference in each other's internal affairs, endeavor to further develop economic and cultural relations between the two countries and to promote exchanges between the peoples of the two countries.

[Article IV]

The present Treaty shall not affect the position of either Contracting Party regarding its relations with third countries.

[Article V]

1. The present Treaty shall be ratified and shall enter into force on the date of the exchange of instruments of ratification which shall take place at Tokyo. The present Treaty shall remain in force for ten years and thereafter shall continue to be in force until terminated in accordance with the provisions of paragraph 2.

2. Either Contracting Party may, by giving one year's written notice to the other Contracting Party, terminate the present Treaty at the end of the initial ten-year period or at any time thereafter.

IN WITNESS WHEREOF, the respective Plenipotentiaries have signed the present Treaty and have affixed thereto their seals.

DONE in duplicate, in the Japanese and Chinese languages, both texts being equally authentic, at Peking, this twelfth day of August, 1978.

For Japan

For the People's Republic of China

AGRADECIMENTOS

Os agradecimentos, a meu ver, constituem uma das partes mais interessantes de um livro. Ninguém chega em algum lugar sozinho. Contei - e ainda conto - com grandes pessoas e não gostaria de deixar de expressar minha gratidão.

Em primeiro lugar, gostaria de agradecer ao docente que tornou esse projeto realidade: o meu orientador, o Prof. Dr. Shiguenoli Miyamoto. Não tenho palavras para expressar minha gratidão pelo apoio, pela paciência e pela confiança depositada em mim durante o meu contínuo amadurecimento acadêmico. Não é exagero afirmar que esse trabalho existe por conta dos conselhos, das sugestões, e também das lições que recebo desse grande mestre.

Agradeço em especial à Profa. Dra. Suzeley Kalil Mathias por ter me ajudado em tudo que precisei. As críticas e os conselhos sempre construtivos, que são dados de coração para meu crescimento pessoal e acadêmico, ficarão comigo para sempre. É uma honra contar com sua participação na publicação desse livro.

Gostaria de agradecer também aos docentes do Programa de Pós-Graduação em Relações Internacionais San Tiago Dantas (Unesp, Unicamp, PUC-SP), que batalham todos os dias para manter o nosso "Dantas" uma referência internacional na área. Além disso, o San Tiago Dantas é a casa que me acolheu após minha graduação, à qual sempre serei grato e retribuirei esse acolhimento sempre que puder. Agradeço também às secretárias do programa, Giovana Vieira e Isabela Silvestre, e à bibliotecária Graziela de Oliveira.

Agradeço ao Prof. Dr. César Augusto Lambert de Azevedo, cujas contribuições foram fundamentais para que o trabalho atingisse a qualidade desejada.

Agradeço ao Prof. Dr. Celso Freire Junior, Prof. Dr. Carlos Eduardo Vergani e Profa. Dra. Izabel Cristina Takitane por todo o apoio e incentivo em minha vida acadêmica e profissional.

Agradeço também ao Prof. Manuel Nabais da Furriela, coordenador do curso de Relações Internacionais das Faculdades Metropolitanas Unidas (FMU) de São Paulo, por ter dado a oportunidade que precisei para iniciar minha carreira como docente.

Não poderia deixar de mencionar a grande amiga Carolina Ferreira Galdino, quem me acompanha desde o início do mestrado, dividindo conquistas e alegrias.

E não menos importante, deixo aqui um grande agradecimento à minha família pelo apoio em todos os momentos, em especial aos meus pais, Aparecida e Carlos Watanabe.

Expresso meus agradecimentos finais à Fundação de Amparo à Pesquisa do Estado de São Paulo (FAPESP) por financiar a pesquisa e a publicação desse livro.

Alameda nas redes sociais:
Site:www.alamedaeditorial.com.br
Facebook.com/alamedaeditorial/
Twitter.com/editoraalameda
Instagram.com/editora_alameda/

Este livro foi impresso em São Paulo no inverno de 2017. No texto foi utilizada a fonte Lucida Std, em corpo 9,2 e entrelinha de 15 pontos.